Deutsch konkret for GCSE

Peter Boaks
Advisory Teacher for German
Inner London Education Authority

Ebba-Maria Dudde
Christopher Boyce

drawings by
Theo Scherling

EUROPEAN
SCHOOLBOOKS
PUBLISHING

Deutsch konkret for GCSE

First edition January 1989

ISBN 0 85048 140 6

© 1989 European Schoolbooks Publishing
(see also acknowledgements on p. 124)

design by
The Chapman Partnership

typesetting and production by
Quorum Technical Services Ltd, Cheltenham

Printed and bound in Great Britain by
Ebenezer Baylis & Son, The Trinity Press, Worcester

A set of 2 cassettes is also available, containing all the texts and exercises
marked in the book with the cassette symbol.

European Schoolbooks Publishing Ltd
The Runnings
Cheltenham
GL51 9PQ

Contents

To the student

This book is designed to help you prepare and revise for the GCSE examination. You will recognise many of the topics, situations, words and phrases. The tasks will give you an opportunity to practise using what you know in the ways that the exam requires. However, as well as reminding you of what you can do it will also show you where there are gaps in your knowledge and, by offering you interesting new listening and reading material, give you some new ideas.

With guidance from your teacher you should be able to use much of the book and cassettes independently and plan your own preparation for the examinations.

This is how it works:

The listening material on the cassettes has two main purposes – to provide you with a wide variety of practice in listening comprehension and, particularly in the case of those texts marked L^1 (Basic Level), to give you examples or models of what you should be able to say. The L^2 (Higher Level) material is mainly for understanding and you may be asked to listen just for particular points or to draw some general conclusions. Nevertheless even the Higher Level listening texts will give you ideas for things you could say or write yourself.

The same can be said for the reading material which is taken from real life and, in the case of the magazine articles, selected because it might well be of interest to you – even if you choose not to do the exercises! Some of the R^2 (Higher Level) texts will contain several new words – but, as with the listening, you will find that you do not need to recognise every word in order to understand the main points and do the tasks. Try to get used to looking for clues and using your common sense to make intelligent guesses about the sections you do not fully understand. Of course, if you are particularly interested in a text or if you really cannot work out an answer then you should use a dictionary and note down new words which you think will be useful. Some of the German handwriting may be difficult to read at first, but if you look for words you can recognise and work from there you will soon learn to cope.

The speaking tasks are mostly either role-plays, which you can do with a partner or revise on your own, or questions which might be asked in a general conversation. The blue boxes suggest useful phrases which you can adapt in order to say what you wish. Try to make two or three points in answer to a question and don't forget to listen to the tapes for that section if you want more ideas.

Similarly, look for ideas in the relevant letters and reading texts when doing a written task, and try to use some of the expressions suggested. Speaking and writing tasks also are classed as Basic Level (S^1, W^1) or Higher Level (S^2, W^2). If you feel unable to do a particular task, try to analyse why and then discuss with your teacher what you still need to learn. In this way you can plan your own learning programme.

Topic 1 · Personal Identification

L¹ **1** Listen to these four young people introducing themselves on the first day of a summer holiday camp somewhere in Austria.
Note down information about Matthias, Astrid, Christian, Carola.

	Age	Home Town	Country
Matthias			
Astrid			

S¹ **2** Now introduce first yourself and then your best friend.

> *Name – Alter – Wohnort – Land*

L¹ **3** Listen now to Matthias describing two of his classmates.
Take notes and answer the following questions:

1) How old is Angelika?   1) How old is Frank?
2) What colour is her hair?   2) What colour are his eyes?
3) Angelika's favourite subjects   3) Frank's favourite subjects
   at school?   at school?
4) What are her hobbies?   4) What are his hobbies?
5) What does she want to be?   5) What does he want to be?

S² **4** Describe yourself and a friend in the same way.

> *Name – Alter – Farbe der Haare und der Augen –*
> *Lieblingsfächer – Hobbys – Berufswunsch*

R¹ **5** Read these letters from a German magazine for young people.
Make notes under the headings given.

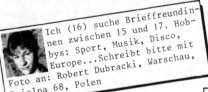

Ich (16) suche Brieffreundin-
nen zwischen 15 und 17. Hob-
bys: Sport, Musik, Disco,
Europe...Schreibt bitte mit
Foto an: Robert Dubracki, Warschau,
Dzielna 68, Polen

Ich (16) suche Brieffreunde
und Brieffreundinnen im Alter von 15–25. Hobbys: Briefe lesen und schreiben.
Schreibt bitte mit Foto an Kai Vogt,
Lerchenstraße 14, DDR-3500 Potsdam

Hey, Du. Ich bin 15, und meine Hobbys sind: Tiere, Musik
und Malen. Schreib, wenn es
geht, mit Bild an: Sonja Reh-
lenberg, Brückenstraße 25,
5600 Wuppertal 6

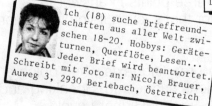

Ich (18) suche Brieffreund-
schaften aus aller Welt zwischen 18–20. Hobbys: Geräte-
turnen, Querflöte, Lesen...
Jeder Brief wird beantwortet.
Schreibt mit Foto an: Nicole Brauer,
Auweg 3, 2930 Berlebach, Österreich

17 jähriger Fisch sucht net-
tes Mädchen zwecks Brief-
freundschaft. Alter ist egal.
Meine Hobbys sind: Karate,
Computer und Tischtennis.
Schreibt mit Bild an: Markus von
Stetter, Am Fischertor 4, CH-Zürich

Name	Age	Main interests	Home town

R¹W¹ **6** Your teacher has received a lot of postcards and letters from a school in Germany.
You have been given this one.
Write a reply and don't forget to answer your new penfriend's questions.

5.10.

Hallo!

Ich heiße Andrea, bin gerade 15, und wie heißt Du? Meine Hobbys: Tiere, Malen, lesen, Klavierspielen und vieles andere. Was machst Du gern? Englisch habe ich seit 5 Jahren. Wie lange lernst Du schon Deutsch? Macht es Spaß? Willst Du mir Brieffreund? Dann schreibe schnell und schicke auch ein Foto mit. Wann hast Du Geburtstag? Viele Fragen!!!

Andrea Rütting, Klasse 9

P.S. Suche Brieffreundin oder Brieffreund.

R¹ **7** Your friend next door has just received this letter and needs your help!

a) Who is Christine?

b) What does she want?

c) Any other information?

Göttingen, 20. Mai

Lieber Tony,

Deine Adresse habe ich von einer Schulfreundin. Ich schreibe heute an Dich, weil ich gern im Sommer für 4 Wochen nach England kommen will. Meine Note in Englisch ist nicht besonders gut. Ich möchte daher viel mit Engländern sprechen. Vielleicht kennst Du eine Familie, bei der ich als paying guest wohnen kann. Ich denke an Juli. Was kann man bei Euch in der Freizeit tun? Ich schwimme und radle gern. Gibt es eine gute Bibliothek? Meine Lehrerin sagt, ich soll viel lesen. Was kann man in Deiner Stadt sehen?

Bitte antworte bald.

Viele Grüße

Christine

R²W²   **8** You are going on the school's exchange visit to Cologne and have received this first letter from your partner.
Write a reply in which you answer any questions in the letter and give as much information about yourself as you can.

Karin Bachmann

Ringstr. 36
5000 Köln 85

Den 11.6.

Liebe Sally,

Du kommst also bald zu uns nach Köln, und wir freuen uns alle sehr.

(so   soon) *(please)*

Vielleicht stelle ich Dir mal meine Familie vor: mein Vater arbeitet hier bei Ford, nicht in der Werkstatt, sondern im Büro. Leider ist er viel unterwegs. Auch meine Mutter ist berufstätig - halbtags. Sie ist Auslandskorrespondentin bei einer Zeitung und kommt also mittags nach Hause. Was machen Deine Eltern?

(perhaps   put)

Dann habe ich zwei Geschwister: meine zwei Jahre jüngere Schwester Tanja und Jens, meinen Bruder. Der ist gerade 17, kein leichtes Alter. Er meint immer, nur die Mädchen sollen zu Hause helfen. Wie findest du das? Außerdem interessiert er sich nur für Mopeds und Rockmusik. Na ja, Brüder!! Hast du Geschwister?

Köln ist eine ziemlich große und alte Stadt am Rhein mit vielen Sehenswürdigkeiten. Besonders bekannt ist natürlich der Dom, die gothische Kirche. Fast siebenhundert Jahre hat man daran gebaut. Schon viel früher waren die Römer hier. Das Römisch-Germanische Museum erinnert an diese Zeit. Auf dem Rhein kann man mit dem Schiff nach Basel oder nach Rotterdam fahren. Und viel Industrie gibt es hier. Erzähle bitte von Deiner Stadt.

Welche Hobbys hast Du? Ich habe zu viele. Die Zeit reicht nie.

Bis bald mit vielen Grüßen

Karin

a) Your friend recognises these two well-known personalities and wants to know what is being written about them in Germany.
Give a brief summary.

b) What impression of these two people would a German reader get from these articles?

10 Facts über Cliff

5 FRAGEN AN BOB GELDOF

Von den Boomtown Rats bis Live Aid: „So war's". Bobs Buch erscheint endlich in Deutsch.

Wer ist für Dich der wichtigste Mensch im Leben?
„Mein Vater. Ohne ihn gäbe es mich nicht."

Was ist für Dich das Schönste im Leben?
„Lange zu schlafen ohne zu träumen. Wenn ich träume, wache ich immer auf."

Findest Du Dich attraktiv?
„Nein, überhaupt nicht. Früher wollte ich Mädchen um jeden Preis gefallen. Aber wenn du erstmal in einer Band spielst, laufen dir die Mädchen ohnehin nach."

Existiert Gott für Dich?
„Irgendwas muß da sein. Ich gehe nicht in die Kirche, aber ich liebe es, den Menschen beim Beten zuzusehen. Für viele ist beten nur ein Akt der Begierde. Sie wollen ein neues Auto, ein Haus. Ich liebe es, das zu beobachten."

Worauf bist Du stolz?
„Auf meine Tochter, auf meine letzte LP, auf mein Buch. Aber ich bin nicht richtig stolz, ich habe einfach Freude, wenn ich etwas Gutes geleistet habe." *(its)*

Cliff im „Remember Me"-Video

Geboren wurde Cliff Richard unter dem bürgerlichen Namen Harry Webb am 14. 10. 1940 in Lucknow (Indien), wo sein Vater als Kolonialbeamter arbeitete.
● 1947 kehrte Familie Webb nach England zurück. Mit der Schule hatte der kleine Harry nicht viel im Sinn. 1954, mit 14, gründete er seine Band The Drifters.
● Ab 1958 nannten sich die Drifters The Shadows. Cliff nahm in jenem Jahr seinen Künstlernamen an, weil Harry Webb ihm zu „normal" vorkam.
● Im gleichen Jahr erschien seine erste Single „Lawdy Miss Clawdy". „Move it" brachte Cliff 1958 in die Charts.
● 1964 und 1965 gewann Cliff den Goldenen BRAVO-Otto 1980, nach einem grandiosen Comeback, gewann er noch einmal Silber. Im gleichen Jahr wurde ihm der Orden des Britischen Empire verliehen.
● Der Tod seines Vaters im Jahr 1961 stürzte Cliff in eine tiefe Krise. Er wollte überhaupt nicht mehr singen, sondern sich nur noch der Religion widmen. Freunde überredeten ihn zum Weitermachen, zwei Jahre später schaffte er mit „Rote Lippen soll man küssen" seine erste Nummer Eins in Deutschland.
● Nichts haßt Cliff mehr, als als Sexsymbol dargestellt zu werden. Er griff auch vehement George Michael wegen dessen Single „I want your Sex" an. „Im Zeitalter von Aids", so Cliff, „ist ein derart provokativer Text unverantwortlich."
● Cliff ist tief religiös, besucht regelmäßig Gottesdienste und versucht sich ab und zu als Laienprediger.
● In den 70er Jahren hat Cliff das Neue Testament in dreijähriger Kleinarbeit in die moderne Umgangssprache übersetzt. Sein Buch wurde ein Bestseller, mehr als 250 000 Exemplare wurden verkauft.
● Wieviel Geld hat Cliff Richard? „Keine Ahnung", sagt der Superstar. „Aber ich bin nicht so reich, wie die Leute glauben. Für mich war es viel wichtiger, als erster westlicher Popsänger in der UdSSR aufzutreten, als in Europa Millionen zu scheffeln."

Girls ja, Sex nein: Cliff ist religiös

10 You have a holiday job in Berlin helping out your penfriend's father who often has to entertain foreign visitors. Today you have to meet three people at the airport. Which of these passengers coming through Arrivals are the ones he described?

11 On a weekend visit to East Berlin you have to fill in this form at the border crossing point. Listen to the explanation of the customs official and then fill in the form in German. You have DM250 on you and just an overnight bag.

> *Familienname* ....
> *Vorname* ....
> *Ausweis Nr.* ....
> *geboren am* ....
> *Geburtsort* ....
> *Staatsangehörigkeit* ....
> *In die DDR eingeführte Zahlungsmittel* ....
> *Zum Verbleib in der DDR bestimmte Gegenstände* ....

12 On arrival at your hotel in East Berlin you have to give details about yourself to the receptionist. Can you answer her questions?

13 On the plane back to England you sit next to an elderly Austrian lady who is visiting her daughter and son-in-law in England. She doesn't understand the card she has to fill in for the UK authorities as she speaks very little English and can't read the small print. Help her with the form by asking her in German for the information required. What questions would you have to ask her?

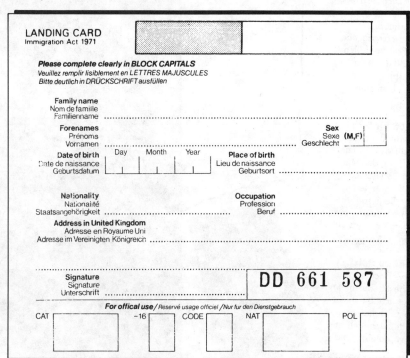

R²W² **14** You have applied for a job at a holiday centre in an Austrian ski resort and receive this letter and form.
Fill in the form, then answer the questions in the letter and include a description of yourself – personality, interests etc.

Seefeld, Tirol, 13.10

Sehr geehrtes Fräulein ··· ,
Sehr geehrter Herr ········ ,

vielen Dank für Ihre Bewerbung vom 30.9. Wir freuen uns, daß Sie als Skilehrer(in) bei uns arbeiten wollen. Bevor wir Sie anstellen können, brauchen wir aber noch einige Informationen zu folgenden Punkten:

Wie lange haben Sie Deutsch gelernt? Und wo?

Haben Sie schon einmal als Skilehrer(in) gearbeitet? Vielleicht in einem deutschsprachigen Land?

Könnten Sie auch ein wenig von sich erzählen? Ich denke an persönliche Eigenschaften und Interessen.

Dann noch etwas Wichtiges:

Wie lange könnten Sie denn bei uns bleiben? Und würden Sie mit einer Kollegin/einem Kollegen zusammenwohnen?

Ihr Gehalt wird ös 10.000 betragen.

Bitte füllen Sie auch das beigefügte Formular aus.

In der Hoffnung, bald von Ihnen zu hören,

mit freundlichen Grüßen

i.A. Sch

Bewerbung um
_____

Vorname: Familienname:
_____

Geschlecht: männlich / weiblich*   Geburtstag:
_____

Familienstand: ledig / verheiratet / geschieden*
_____

Anschrift:
_____

Anstellungszeit: Vom   bis
_____

* *Zutreffendes unterstreichen*

  15 On arrival at the resort you meet the receptionist of the holiday centre who asks you some questions. Can you answer them?

  16 He introduces you to the other young people working at the centre. What do they tell you about themselves?

Topic 2 · House and Locality

L¹

1 While staying at the Youth Hostel in Cologne you overhear this group of young people discussing their homes. Note down what they say.

	Where they live now	How long they have been there	Where they were before	Type of house	Rooms	Opinions
1)						
2)						

S¹

2 They then turn to you and ask you about your home. What can you tell them? (Practise these conversations with your partner)

Wo wohnst du?
Welche Zimmer gibt es da?

Wie ist dein Haus?

Hast du ein eigenes Zimmer?

Was hast du in deinem Zimmer?

S²

3 You are interested enough to continue the conversation and you then ask each other further questions about home. (Practise with your partner or in a group)

Hast du . . . ?

Wie ist . . . ?

Wie findest du . . . ?

Wohnst du . . . ?

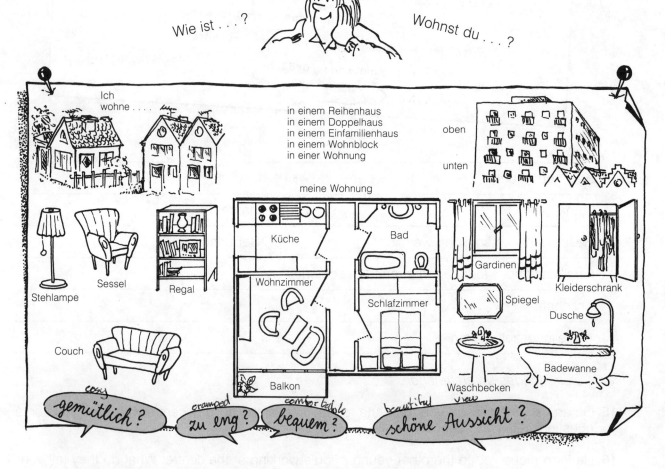

Ich wohne . . . .

in einem Reihenhaus
in einem Doppelhaus
in einem Einfamilienhaus
in einem Wohnblock
in einer Wohnung

oben

unten

meine Wohnung

Küche

Bad

Gardinen

Stehlampe

Sessel

Regal

Wohnzimmer

Schlafzimmer

Spiegel

Kleiderschrank

Dusche

Couch

Balkon

Waschbecken

Badewanne

gemütlich? (cosy)

zu eng? (cramped)

bequem? (comfortable)

schöne Aussicht? (beautiful view)

W¹

4 Write a short letter to your new penfriend describing your house.

Wie junge Leute wohnen

Heike Hiebenthal, 22

Heike wohnt in Hamburg-Barmbeck. Sie wohnt allein in einer Dreieinhalb-zimmerwohnung. Vor drei Jahren ist sie zu Hause ausgezogen und nach Hamburg gegangen, weil sie dort Arbeit gefunden hatte.

Im Moment sucht sie eine andere Frau, die mit ihr zusammenzieht.

Heike hat ein großes Wohnzimmer mit einem Balkon. Im Wohnzimmer stehen alte Möbel, an den Wänden hängen Bilder. Heike hat viele Blumen.

Henning Gerwig, 15

Henning wohnt in Cölbe, das ist ein Dorf bei Marburg. Seine Eltern haben ein altes Bauernhaus gekauft. Er hat ein relativ kleines Zimmer. "Ausziehen habe ich nicht vor", sagt er. Er versteht sich gut mit seinen Eltern. Seine Freunde dürfen auch bei ihm übernachten.

Henning hat zwei Regale, einen großen Schrank und eine Stereoanlage. Seine Zimmerwände sind grün tapeziert. Er hat ein paar Poster von Shakin' Stevens und Paul Young aufgehängt.

Inge Hildebrandt, 22

Inge wohnt mit ihrer Freundin Babs in einer Dreizimmerwohnung in einem Haus mit 6 Familien. Das Wohnzimmer benutzen sie zusammen, und beide haben noch ein Zimmer für sich allein. Mit 19 ist Inge von zu Hause weggezogen, weil es dort zu eng war. Sie mußte sich ein Zimmer mit ihrer Schwester teilen. Auch mit den Eltern gab es oft Konflikte.

Inges Wohnzimmer hat rosa Wände und ist ziemlich kahl. Auf einem Strohballen steht das Telefon.

INGES WOHNUNG

 5 Listen to these young people talking about their homes and read the summaries above. What do they have to say on the following?

1) The size of their homes and their rooms.

2) Furniture and possessions.

3) Living at home with their parents.

W² **6** Your penfriend has told you that he is fed up at home and wants to leave as soon as he can. He wants to know if you feel the same. Write a letter to him explaining how you feel about living at home – the advantages and disadvantages.

Ich brauche eine/keine eigene Wohnung.		
Mir gefällt die Wohnung meiner Eltern (nicht).		
Ich hätte gerne eine eigene Wohrung.		
Solange	*ich kein Geld verdiene,*	*wohne ich bei meinen Eltern.*
	ich keinen Beruf habe,	
	. . . . .	

L¹

7 Listen to these young people saying what they do at home to help with the housework.

1) When does Katrin help her mother?
   What does she have to do?

2) How does Jens help out?
   What does he say about doing housework?

3) What is Karl's mother always complaining about?
   And what is his favourite job at home?

4) What does Angela hate doing?
   What does she like best?

S¹

8 Wer macht bei dir zu Hause den Haushalt?
Hilfst du auch mal mit? Und was machst du dann?

S²

9 Your German exchange partner has just arrived. Tell him where he will be sleeping and point out where all the other rooms are.
(Practise in pairs. See if your partner can sketch an accurate plan of your house simply from your description of it in German.)

oben		*. . im Obergeschoß*
hinten – *vorne*		*neben . . .*
unten		*. . im Erdgeschoß*

S²

10 While staying with a German family you might need to ask about various things:

a) You'd like to hang some clothes in the wardrobe outside your room.

b) Where should you put your suitcase?

c) You'd like to ring home.

d) It's cold and you'd like a blanket.

e) You'd like to use the hairdryer.

f) You'd like to help clear up after the meal.

g) You'd like to listen to one of your cassettes.

h) Could you have a front-door key?

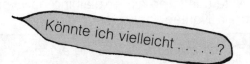

Ich würde gern . . . . .
Geht das?

Darf ich bitte . . . . ?

Könnte ich vielleicht . . . . . ?

Decke – Hausschlüssel – Kassette – Koffer – Föhn *anrufen, helfen, haben, benutzen, aufhängen, hören, hinstellen, aufräumen*

emsa MANHATTAN

ACRYL

16 Mit Besteck 29,90

2 Stück **19** 27,50

R¹ **11** You and your family have been invited to spend a week with your penfriend's parents in Dortmund. While you are there your mother sees these items in a catalogue. It is obvious what some of them are but others are not so familiar. Using the key tell her what you can about each one.

R² **12** She is interested in these items of household equipment also. How much can you tell her about them?

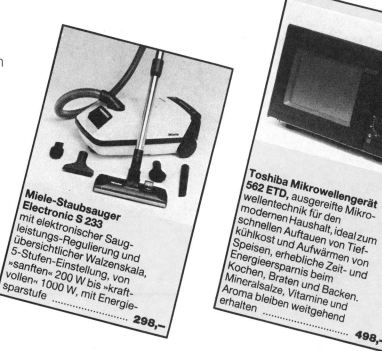

Miele-Staubsauger Electronic S 233 mit elektronischer Saug-leistungs-Regulierung und übersichtlicher Walzenskala, 5-Stufen-Einstellung, von »sanften« 200 W bis »kraft-vollen« 1000 W, mit Energie-sparstufe **298,-**

Toshiba Mikrowellengerät 562 ETD, ausgereifte Mikro-wellentechnik für den modernen Haushalt, ideal zum schnellen Auftauen von Tief-kühlkost und Aufwärmen von Speisen, erhebliche Zeit- und Energieersparnis beim Kochen, Braten und Backen. Mineralsalze, Vitamine und Aroma bleiben weitgehend erhalten **498,-**

15

R[1]

13 Messages

On various occasions you arrive back at your penfriend's house after shopping or sightseeing and find these messages:

a)

Musste zu meiner Schwester.
Ihr Mann erkrankt. Rufe
gegen 19 Uhr an.
Gruß UT

Where has your host gone?
What will happen at 7 p.m.?

b)

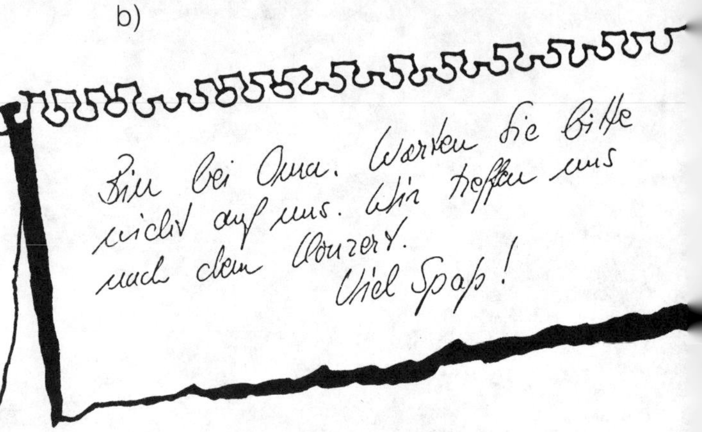

Bin bei Oma. Warten Sie bitte
nicht auf uns. Wir treffen uns
nach dem Konzert.
Viel Spaß!

What should you do?

c)

Essen steht im Herd. 30 Min.
auf 200°. Guten Appetit!

What is this about?

d)

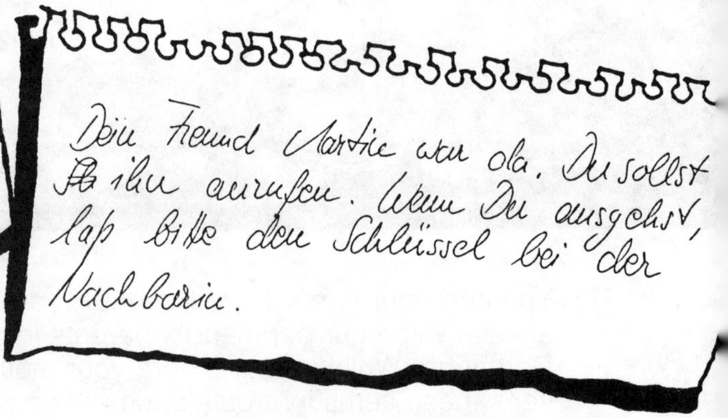

Dein Freund Martin war da. Du sollst
ihn anrufen. Wenn Du ausgehst,
laß bitte den Schlüssel bei der
Nachbarin.

What should you do?
What does the last part of
the message say?

GERMANS LIVING IN BRITAIN

While in Germany you hear a radio programme about German people who have left their own country to live abroad. The journalist interviews two women currently living in England.

L[1]

14 What do they say about their homes here? How long have they been here? Are they happy?

L[2]

15 They are then asked further questions about life in England. Note their comments on:

Settling in		
What they miss		
English TV		

OUR HOME TOWN

The pupils at your exchange school in Augsburg have sent your class this brochure about their home town and have made a cassette on which they tell you about their neighbourhood.

Sehenswertes in Augsburg

Stadtwappen von Augsburg

Die Stadt Augsburg verdankt ihre Entstehung und ihren Namen dem Römischen Kaiser Augustus. Nach den Wirren der Völkerwanderung und dem Untergang des römischen Reiches entstand auf den Ruinen der glanzvollen römischen Provinzhauptstadt das früh-mittelalterliche Augsburg als Bischofssitz. Vor ihren Toren, entlang der Römerstraße nach dem Süden, siedelten Handwerker und Kaufleute. Ihre höchste wirtschaftliche Blüte erreichte die freie Reichsstadt im 15. und 16. Jahrhundert.

Nach dem 30jährigen Krieg blühte das Kunsthandwerk, vor allem der Gold- und Silberschmiede und der Drucker. Auf der Grundlage des traditionellen Weberhandwerks entwickelte sich seit Ende des 18. Jahrhunderts die Augsburger Textilindustrie und in deren Folge der Maschinenbau.

Heute hat Augsburg 250 000 Einwohner, ist Hauptstadt des bayerischen Regierungsbezirks Schwaben, Universitätsstadt und bedeutendes Wirtschaftszentrum.

Fuggerei

Älteste Sozialsiedlung der Welt. Gestiftet von Jakob Fugger dem Reichen und seinen Brüdern. Erbaut zwischen 1516 und 1521 von dem Augsburger Maurermeister Krebs. Die Jahresmiete in den 147 Wohnungen beträgt „einen rheinischen Gulden", was heute dem Betrag von 1,72 DM entspricht. Bewohner kann werden, wer Augsburger Bürger ist, katholischen Glaubens und unverschuldet in Not geraten. Verpflichtung ist das tägliche Gebet für das Haus Fugger.

Fuggerei

Bert-Brecht-Haus
(Auf dem Rain 7)

Typisches Handwerkerhaus an einem Lechkanal. Geburtshaus des Dichters und „Stückeschreibers" Bert Brecht, der hier im zweiten Stock am 10. Februar 1898 geboren wurde. Heute Bert-Brecht-Gedenkstätte.

Im Lechviertel

Schaezler-Palais

Rokokopalais des Bankiers Liebert 1765 bis 1770 nach Plänen von Lespilliez erbaut. Prunkvoller Rokoko-Festsaal. Beherbergt die städt. Kunstsammlungen (Deutsche Barockgalerie) und altdeutsche Malerei aus dem 15. und 16. Jahrhundert (Dürer, Holbein d. A., Cranach, Brugkmair u. a.)

MAN-Werksmuseum
(Heinrich-von-Buz-Straße 28)

Dokumentation der Entwicklung des Werkes Augsburg der MAN und der Augsburger Produktionsbereiche. Geschichte der Entwicklung des Dieselmotors.

Römisches Museum

In der ehemaligen Dominikanerkirche des Klosters St. Magdalena. In der zweischiffigen Kirchenhalle mit Stuck der Gebrüder Feichtmeyr (1720). Neben vorgeschichtlichen Funden Dokumentation über die Zeit der römischen Augusta-Vindilicum.

St. Ulrich und Afra

Spätgotische Basilika mit wertvoller Ausstattung im Stil der Renaissance und des Barock.

St. Ulrich und Afra

Perlachturm

Stadtturm, Sockelbau aus dem 11./12. Jahrhundert, Glockenlaterne und Haube von Elias Holl 1616. Sehr schöne Aussicht über Augsburg und die schwäbischbayerische Umgebung.

Perlachturm und Rathaus

R² **16** Read the brochure and make a list of main points of interest.

HISTORICAL SIGHTS	LEISURE ACTIVITIES

Dom
Die Domgeschichte läßt sich bis in das Jahr 823 urkundlich rekonstruieren. Ältester Teil dürfte die Krypta unter dem Westchor sein, angelegt unter Bischof Ulrich im 10. Jahrhundert. Der Dom birgt alte Fresken aus romanischer und gotischer Zeit, vier Tafelbilder von Hans Holbein d. Ä.

Dom

Städtische Kunsthalle
Staatliche Zweiggalerie mit Malerei aus dem 19. und 20. Jahrhundert.

Festplatz „Plärrer"
2 x jährlich größtes Volksfest in Schwaben.

Augustusbrunnen
Einer der drei Kunstbrunnen, die sich die Stadt aus Anlaß des 1600jährigen Jubiläums ihrer Gründung durch die Römer geschenkt hat.

Stadttheater
Erbaut 1876 bis 1877 nach Plänen der Wiener Theaterarchitekten Fellner und Helmer. Nach Kriegszerstörung stark vereinfacht wiederhergestellt. Innenausbau im Geschmack der 50er Jahre.

Mozarthaus
(Frauentorstr. 30)
Bürgerhaus aus dem 16./17. Jahrhundert mit geschweiftem Giebel. Geburtshaus von Leopold Mozart, dem Vater von Wolfgang Amadeus Mozart. Heute als Mozartgedenkstätte eingerichtet.

Freizeit-Spaß für Groß und Klein

Botanischer Garten
Botanischer Lehr- und Schaugarten mit herrlichen europäischen und überseeischen Pflanzen in Häusern und Freianlagen.

Ballonfahrt, Startplatz Gersthofen, Via Claudia
Nähere Auskunft: Freiballon-Verein Augsburg e.V., ☎ 31 30 01, Startplatz, ☎ 49 16 44.
Wer eine Ballonfahrt mitmachen möchte, erfährt hier alles Wissenswerte.

Wasserski am Friedberger Baggersee
Wasserskilift des WSV Friedberg e.V., ☎ 60 27 41
Ein sportliches Freizeitvergnügen für Könner und Anfänger. Wasserskischule. Ski und Schwimmwesten stehen zur Verfügung.

Trimm-Dich-Pfade
Siebentischwald: Parkplatz bei der Sportanlage Süd an der Ilsungstraße (2 Langlaufstrecken)

L² **17** Read the brochure again. Then listen to the cassette. Do the young people mention things which do not appear in the brochure?
Make a list of the good and bad points about living in Augsburg.

GOOD	BAD

W² **18** Now make a list for the German school of possible activities for young people or tourists in your neighbourhood. Say also what you like and what you dislike about your own area.

Der Urlaub am Bauernhof wird noch kinderfreundlicher

Bauernhof wird für die Gäste noch attraktiver

Urlaub am Bauernhof ist beim Inlands- und Auslandsgast gefragter denn je, gute Luft und frische Milch allein aber entsprechen nicht mehr bedingungslos allen Erwartungen der Urlauber. Also macht auch der Wunsch nach mehr „action" und Spezialangeboten auch vor dem ländlichen Bereich nicht halt.

Die Steiermark hat nun neue Akzente gesetzt und einen entsprechenden Gesamtkatalog aufgelegt, in dem 335 bäuerliche Familienbetriebe vorgestellt werden. Zimmer sind in insgesamt 3000 steirischen Bauernhöfen zu haben. Kinderfreundlichkeit

wird großgeschrieben. Geboten werden besonders preisgünstige Familienpauschalen, Kindermenüs, Spielplätze und -räume für verregnete Tage, aber auch die Mithilfe im Stall und am Feld. Weitere Schwerpunkte: Reiten, Fischen, Gesundheit und Hobbys. Bewundernswerterweise finden viele Bäuerinnen und Bauern noch die Zeit, dem Gast ihre Fertigkeiten zu vermitteln, wie Brotbacken, Trachtennähen, Korbflechten und Bauernmalerei.

Besonderes Service für Wiener Urlaubsgäste: So mancher oststeirische Landwirt holt seine Gäste direkt in Wien ab.

R² **19 Living on a farm**
People who live in towns can spend a holiday on a farm. This article from an Austrian newspaper reports on the growing popularity of this sort of holiday.
(Steiermark = Styria, a region of Austria.)

a) What do people expect from this type of holiday?

b) What facilities are there for children?

c) Which traditional country crafts can the visitors learn?

W² **20** Write a short article for your exchange school's magazine setting out the advantages and disadvantages of living in the country.

R² **21 Royal Tour**
Not all visitors live in an ordinary house! Your penfriend has sent you this magazine article. Your aunt sees it and wants to know all about it.
Summarise the programme: Nov. 1: . .
Nov. 2: . .

5. HAMBURG
6. CELLE
HANNOVER
1. BERLIN
LN
2. BONN
4. MÜNCHEN

...erpaar wartet ein dichtgedrängtes Programm

Diana und Charles: Die Stationen ihrer großen Deutschland - Reise

CHARLES & DIANA IN DEUTSCHLAND
NOCH 10 TAGE

Während seines einwöchigen Staatsbesuches wird Englands Thronfolgerpaar Berlin, Bonn, Köln, München, Hamburg, Celle und Hannover kennenlernen. Tausende freuen sich schon darauf, Prinz Charles und seine schöne, junge Frau Diana einmal aus der Nähe zu sehen

In der Bundesrepublik laufen die Vorbereitungen für den königlichen Besuch auf Hochtouren. Alle Städte, die Prinz Charles und seine schöne, junge Frau Diana bereisen, sollen für die hohen Gäste besonders attraktiv herausgeputzt werden. Aber nicht nur hohe Politiker und erwartungsvolle Stadtväter freuen sich auf Englands künftiges Königspaar – auch viele Bundesbürger hoffen, Diana und Charles einmal aus der Nähe sehen zu können.

Der Staatsbesuch beginnt am 1. November inoffiziell in Berlin. Ganz privat wollen Charles und Diana eine Ballett-Aufführung in der Berliner Oper besuchen.

Offiziell wird es dann am 2. November: Um 12 Uhr trifft das Thronfolgerpaar auf dem Köln-

Bonner Flughafen ein. Nach der Eintragung ins Goldene Buch der Stadt besichtigen Diana und Charles 45 Minuten lang den Dom, besuchen die Ausstellung „Best of Britain" und begeben sich am Abend zu einer Gala-Modenschau.

Am 4. November trifft das Paar dann gegen Mittag in München ein. Auf dem dichtgedrängten Programm stehen die Buchausstellung „British Council", die Opernaufführung „Hochzeit des Figaro", ein Essen mit tausend Studenten, Besuch eines Tierzucht-Zentrums und folk-

loristische Darbietungen.
Der Besuch dauert zwei Tage.

Am 6. November geht's weiter nach Hamburg zu einer romantischen Bootsfahrt auf der Elbe und der Besichtigung des NDR.

Am 7. November treffen Diana und Charles im Heide-Städtchen Celle ein. Am selben Tag reisen sie nach Hannover weiter und fliegen von dort nach London zurück. ■

1 Listen to these people talking about their daily routines:

1) What does she do when she wakes up?
   What is she able to do herself?

2) How far does he have to go to work?
   What does he have for breakfast?

3) What time does he get up?
   What does he have for breakfast?

4) What time does she start work?
   Why is it not so boring now?

5) Where did the hamster come from?
   What time does she leave for school?

6) Why does she get up at 7.30?
   What does she do after reading the newspaper?

S¹ W¹　**2** Wie fängt dein Tag an? Wie ist es morgens bei dir zu Hause?

> *Bei mir läutet der Wecker schon um ....*
> *Ich schlafe aber noch ....*
> *Dann ruft meine ....: " ....!"*
> *Ich stehe .... auf und .... ins Badezimmer.*
> *Da putze .... und wasche mich.　Dann ziehe ich mich .... an.*
> *Ich frühstücke ....　Zum Frühstück esse ich ....*
> *und trinke ....*
> *Beim Frühstück sehe ich fern, am liebsten ....*
> *Gegen .... verlasse ich das Haus ....*

S¹

3 You are staying with your penfriend's family in Austria.
What can you tell them about your family?

Name – *Alter* – *Wohnort* – *Schule/Beruf*

S²

4 They also ask which of your relatives you like best.
What do you tell them about that person?

Name – *Alter* – *Aussehen* – *Interessen* – *Eigenschaften* – *warum du diese Person besonders magst*

L²

5 Your penfriend's mother is talking to a neighbour about a big party she has just organised.
Listen to the conversation and answer the questions below.

1) What was this party celebrating?

2) How many people were there?

3) Who was missing?

4) Why?

5) What does Frau Graebe say happened to her mother recently?

6) Why was this not a problem on this occasion?

7) Name the TWO things which Frau Graebe says did not go according to plan.

8) How would you describe her attitude to the party?

Das Magazin für alle, die Tiere und Natur lieben
Nummer 4/April 1986 3,30 DM

Ein HERZ für Tiere

Leukose:
Krach um den neuen Katzen-Impfstoff

Hilfe für kranke Hunde:
Mit Massage gegen Dackellähme

Großer Ratgeber:
Was Prachtfinken zum Wohlfühlen brauchen

Gefahr für Deutschlands Tierwelt:
Exoten erobern unsere Landschaft

Mit Sender und Antenne erforscht:
Das Familienleben der letzten Pandas in China

Experten-Tips:
So wird Ihr Garten zum Tierparadies

Reizende Pfleglinge:
Zwergwachteln in der Voliere

Floh markt

ANKAUF · VERKAUF · TAUSCH · GESUCHE

Pekinesen, schön, gesund, zauberhaftes Wesen, aus bekannter Hobbyzucht, mit VDH-Papieren, nur in beste Hände zu verk. Tel. 07194/711

RUSSISCH BLAUE Kätzchen, Tel. 09346/1632

„Bobtails", kein Zwinger, sorgfältige Aufzucht, geimpft. VDH-prämierte Eltern. T. 04552/662

10 Jahre Russische Windhunde von der Barsoi-Zuchtstätte, „aus dem Zarenreich", seit 1973 Mitglied im DWZRV (VDH), Tel. 04491/1630 u. 04492/625

Neufundländer-Welpen verk. Tel. 04433/654

Cavalier-King-Charles-Zwergspaniel, VDH, Tel. 02357/2732

CHIHUAHUA (kleinste Hunderasse) aus eigener Zucht, Tel. 02547/201

Chihuahua aus Siegerzucht Tel. 030/3345609

Kleinhunde Shih-Tzu, Tibet-Spaniel und Chihuahua in Kurz- und Langhaar verk. Tel. 0451/691290, ab 16 Uhr

Urlaub an der Nordsee mit Ihrem Hund, v. Privat. Tel. 04931/3459

Fila-Brasileiro-Welpen aus Spitzenverbindung, zeitweise in liebevolle und erfahrene Hände abzug. Der Fila ist ein unbestechlicher Wach-, Schutz- und Fam.-Hund. Inform. Tel. 0911/755365

Bearded-Collie- und Bobtail-Welpen von intern. Siegertieren, HD-frei, VDH-Papiere, z. Z. Welpen beider Rassen abzugeben. Tel. 0211/423771

Cavalier-Ki spaniel, VD

Gruppe W mittelt ko rekt vor 732251

Urlaub Pool, strandnah, 3 003465/861876

Amerik. Canad. weiße Schäfer-hunde verk. Tel. 02684/4979

Klub für Ung. Hirtenhunde e. V. im VDH u. FCI, gegr. 1922. Zuchtbuchführender Klub der Rassen Kuvasz – Kommondor – Puli – Pyrenäenberghunde – Bergamasker. Beratung und Vermittlung, Salzburger Str. 10, 1000 Berlin 62, Tel. 030/7821561 u. 7811917

Pets

R¹   **6** You have found an old copy of this popular magazine. Which pages should you turn to in order to read about the following:
1. Dogs?   2. Cats?   3. Birds?   4. Endangered species?   5. Vet's advice?

R¹   **7** Are all these pets for sale?
How many different types of dog can you find on these pages?

Such-Aktion Hilfe für gestohlene Tiere

Tierfreunde helfen einander:

Täglich werden in Deutschland Hunde und Katzen gestohlen, Pferde an Unbekannt verkauft. „Ein Herz für Tiere" will helfen, solche Tiere wiederzufinden. Wenn Sie Ihr eigenes Tier suchen, dann schauen Sie bitte auch nach den Tieren, die andere Menschen vermissen. Nur vereint sind wir stark. Wenn Sie einen Verdacht haben, geben Sie Hinweise – an den Besitzer oder an unsere Redaktion. Fünf Mark kostet eine hier veröffentlichte Suchmeldung. Das zusammenkommende Geld geben wir weiter an die „Arbeitsgemeinschaft Deutscher Tierschutz e. V.", 4130 Moers 1.

Schäferhund. Dieser Rüde (helle Augen, Rücken schwarz/grau, Flanken u. Füße hell; fixiert auf Autotyp Fiat Mirafiori), wurde am 21. 12. 85 gefunden. Hinweise bitte an E. **Huschka,** Alleenstr. 13, 7121 Freudental, Tel. 07143/7475 oder 7474

Stute. Lydia Hülsmann (Bergstr. 9, 45 Osnabrück) möchte wissen, wem ihre Fuchsstute (10j., Flan-

ke westfälischer, l. Halsseite Hannoveraner-Vorbuch-Br., lange Narbe von Brust zu rechter Vorderhand) vorher gehörte.

Bernhardiner-Schäferhund-Mischling. Im Juni '81 wurde die jetzt 5½jährige „Mükke" verkauft. Möchte nur wissen, ob es ihr gut geht. Sie ist rötlich und hat eine Narbe am Nabel. M. Zimmermann, Columbusstr. 2, 2850 Bremerhaven, Tel. 0471/21702

Katze, schwarzgrauweiß, kastr., tätow. FKB 4075, seit Juni '85

wird „Maja" vermißt. Hohe Belohnung. N. Zatloukal, Urseler Str. 44a, 6380 Bad Homburg, Telefon 06172/271238

Kater, ¼ J., braunbeige-getig., Bauch, Pfoten beige, wird seit 29. 12. 85 in Stein/Nürnberg vermißt. 300 DM Belohnung, Tel. 0911/674618

Hannov. Fuchswallach mit w. Stern. Okt. '83 nach Cuxhaven verkauft. Geht es „Palatin" gut? A. Kern, Hindenburgplatz 5, 7409 Dußlingen

Collie. Wo wurde dieser Rüde (Besitzer verstorben) seit Ende Mai 85 gefunden oder gekauft? Hinweise an die Züchterin Renate **Maas,** Am Gänsegarten 6, 3456 Eimen 2, Tel. 05534/858

Schimmel-Pony Wer hat am 5. 5. 84 mein Pflegepon...

ße 4, 2000 Hamburg 60, Tel. 040/567917

Schimmelwallach. Wer hat am 3. 1. 86 auf dem Pferdemarkt in Wunstorf dieses Pferd gekauft? Es ist 15 J., Narben an Brust u. lk. Wadenbein. Hinweis an: C. Janke, Südstr. 2, 3050 Wunstorf 1, Tel. 05031/3662

bergr., Nase rosa/s.) verschwunden. Hinweise an Neudörfer, Wagmüllerstraße 19, 8000 München 22, Tel. 089/295055

Schäferhund. „Meta" wurde am 22. 8. 85 verkauft. Wer weiß, wo er ist? Hinweise an K. **Eisenhammer,** 3453 Kahlbruck 47, Tel. 05535/8725

Basse...
wurde ...
(15jäh...
entfüh...
bitte a...
Maria-...

Gesucht – Gefunden

Im zentralen Haustierregister des Deutschen Tierschutzbundes kann sich jeder Besitzer eines tätowierten Haustieres kostenlos eintragen lassen.

S¹

8 Your penfriend's younger sister sees you looking at the magazine and asks you:

Hast du ein Haustier?
Beschreib es mal!
Was ist dein Lieblingstier? (Practise with your partner)

BRAVO-TALKSHOW
Stars unter vier Augen
C·C·CATCH

BRAVO: Du und deine Familie, ihr seid sehr tierlieb, nicht wahr?

C. C. Catch: Ja, sehr. Katzen stehen bei mir an erster Stelle. Gerade in letzter Zeit stand wieder soviel über diese widerlichen Tierversuche in den Zeitungen. Ich finde es furchtbar, daß man sich an Lebewesen einfach so vergreift. Denn ich finde, Tiere haben genau so ein Recht zum Leben wie Menschen. Sie sind keine Gegenstände. Diese ganzen grausamen Dinge, die da stattfinden, brutale Tiertransporte, Schlachtpferde-Transporte, auf denen Tiere einfach eingequetscht werden ohne Futter, Wasser, verletzt, verängstigt – ich finde das grausam. Man sollte die Verantwortlichen mal ohne Essen und Trinken so einpferchen und tagelang transportieren oder in Paketen versenden und elendiglich verhungern lassen. Das ist so grausam! Es gibt so viele grausame Menschen.

BRAVO-Redakteurin Inge Czygan besuchte C. C. Catch zu Hause in Rödinghausen und sprach mit ihr unter vier Augen

Zum Beispiel, die Tierversuche. Ich verstehe, daß sie notwendig sind, um schwere Krankheiten zu erforschen.

Aber daß man Tieren Shampoo in die Augen spritzt, um zu testen, ob es unangenehm ist, da hört mein Verständnis auf. Wir können uns doch vor Kosmetikprodukten oder auch vor Kopfschmerztabletten und allem, was da ausprobiert wird, kaum retten. Wozu schon wieder ein neues Produkt? Es gibt doch genug. Aber natürlich wollen die Firmen verdienen . . . Und Tiere sind hilflos, können sich nicht wehren. Auf der Straße werden sie einfach aufgesammelt. Man kann heutzutage keine Katzen und Hunde mehr frei herumlaufen lassen. Menschen können sich wehren, aber mit den Tieren kann man's machen.

BRAVO: Meinst du, man sollte Tierquälerei härter bestrafen?

C. C. Catch: Ja, auf jeden Fall. Bei uns in der Nähe, in Frille, war neulich ein Fall, wo ein sogenannter Landwirt hundert Schweine und Rinder im Stall einfach hat verhungern lassen. Hat sich einfach nicht mehr um die Tiere gekümmert, die qualvoll verendet sind. Solche Leute kriegen dann ein paar hundert oder tausend Mark Geldstrafe, und das war's. Ich finde, wenn einer meint, er müsse ein Tier quälen, dann sollte man das gleiche mit ihm auch machen und dann mal sehen, ob er das immer noch so schön findet. Die meisten Leute begreifen nicht, daß Tiere genau solche Gefühle haben wie wir. Oder daß Tiere auch zum Tierarzt müssen, wenn sie krank sind. Natürlich kostet das Geld, aber wenn man das nicht kann, darf man kein Tier halten.

BRAVO: Hast du schon mal ein Tier gerettet?

C. C. Catch: Ja, erst kürzlich hier eine Katze. Die saß mitten auf der Hauptstraße und ging auch nicht weg, als Frank gehupt hat. Wir haben dann gesehen, daß sie krank war, Katzenschnupfen hatte, alles war vereitert, und wir haben sie mit nach Hause genommen, haben sie zum Tierarzt gebracht und ihr einen Platz vermittelt.

BRAVO: Hast du auch immer Mitleid mit den kleinen Meerschweinchen und Kaninchen, die in den Schaufenstern der Zoogeschäfte auf ihr ungewisses Schicksal warten?

C. C. Catch: Ich finde, man sollte sich erst mal überlegen, ob man überhaupt ein Tier aufnehmen und versorgen kann, bevor man sich eins kauft. Ob man auch Zeit für das Tier hat. Es gibt so viele traurige Fälle, wo Tiere ausgesetzt oder im Urlaub einfach aus dem Autofenster geworfen werden. Dabei hängt ein Tier am Menschen, ist treu und eher wie ein kleines Kind. In Los Angeles habe ich im Kaufhaus auch etwas Furchtbares gesehen. Da saßen Hunde und Katzen gekrümmt in winzigen Glaskästen und wurden angeboten. Das Schlimmste daran ist, man sollte die Tiere nicht mal kaufen, denn je mehr gekauft werden, je mehr werden wieder reingesetzt, das ist die Verkaufstaktik im Kaufhaus. Man sollte wirklich keins kaufen, auch wenn's schwerfällt aus Mitleid. Aber wenn man unbedingt ein Tier haben will, dann gibt's in den Tierheimen genug, die auf ein neues Zuhause warten, die brav sind und auch nicht viel kosten.

Caro Müller
alias C. C. Catch

R^2 **9** This is part of an interview with the pop star Caro Müller (alias C.C. Catch) who is very interested in pets and animal welfare.

a) What types of cruelty to animals does Caro mention?

b) How do people exploit animals?

c) In what ways can pets suffer?

d) How strongly does Caro feel about all this and what does she think should be done?

e) Does she say anything with which you disagree?

W^2 **10** Write a letter to your German friend mentioning this article. Summarise the main points Caro makes. Give your own opinion of what she says and ask your friend what he/she thinks about the ways in which we use animals.

L² 🔲

11 Listen to these young people discussing pocket money and note the following:

	Amount of pocket-money from parents	Job or job possiblilites	What the money is used for	Problems with jobs
Gerd				
Gabi				
Holger				
Lene				

S¹

12 Und wieviel Taschengeld bekommst du? Wofür gibst du es aus?

S²

13 Erzähle von deinem Freizeit-Job. Oder – wie und wann könntest du vielleicht Geld verdienen? Denk an verschiedene Möglichkeiten und Schwierigkeiten.

R¹

14 A magazine interviewed young people about pocket money and asked for a response from readers:

> ### TASCHENGELD – WOHER NEHMEN?
>
> *Ein Bericht von Christoph.*
>
> *Also, ich bekomme von meinen Eltern 40 Mark im Monat. Das reicht nicht weit. Deshalb hab ich mir ein paar Jobs gesucht und bin damit eigentlich ganz zufrieden. Zweimal in der Woche gehe ich zu einer alten Frau. Ich helfe ihr beim Geschirrspülen, beim Staubsaugen und Putzen, und oft gehe ich für sie einkaufen. Für 4 Stunden kriege ich da 36 Mark. Das sind 144 Mark im Monat. Und am Samstag verkaufe ich alle 14 Tage in einer Bäckerei. Da kommen nochmal 80 Mark im Monat dazu.*
>
> *Was ich damit mache? Manchmal kaufe ich mir Cassetten, oder ich brauche Ersatzteile für mein Fahrrad, oder ich gehe mit Freunden in eine Disco. Für Geschenke gebe ich auch Geld aus. Und ich spare für eine neue Stereoanlage.*

a) How much pocket-money does Christoph get?

b) What does he say about it?

c) What does he do to earn some extra money?

d) How much money does he have altogether per month?

e) What does he spend it on?

W¹

15 Send in your own response to the magazine. Say how much money you have to spend, where it comes from, and what you spend it on.

Thema des Tages
Was deutsche Mädchen Samstagnacht so treiben

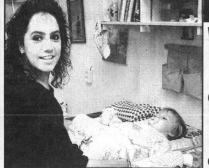

● **Auf Babys aufpassen**
Natascha Zand-Vakili (18), Schülerin: „Ich hüte am Samstagabend ein Baby, bekomme dafür 10 Mark die Stunde. Das Geld allein reizt mich nicht, sondern die Aufgabe, so ein Wesen gut zu behüten. Das ist spannender, als lahm in irgendeiner Disco abzuhängen. So ein Baby braucht deine ganze Liebe, auch wenn es noch nichts versteht"

Von MIRIAM FRENZEL und JÖRG MANDT
„Tschüs Mami, ich geh jetzt." Viele Mütter werden heute, am Samstagabend, wieder diesen Satz von ihrer Tochter hören.
Ein flüchtiges Abschiedsküßchen – und weg ist sie. Zurück bleibt eine Mutter, die sich mit flauem Magen fragt: Was macht sie? Hoffentlich passiert ihr nichts.

Samstagnacht. Ausgehnacht. Was treiben die jungen, selbstbewußten Frauen da? Wir haben sechs junge Frauen gefragt, wie sie die Nacht verbringen. Was sie erzählen, wird viele Mütter beruhigen: Die meisten finden „oberlangweilig", sich bis morgens um vie◻ die Füße wundzutanzen, von Männern ab◻ schleppen zu lassen.

„Jobben statt rocken" heißt die Devis◻ nach der viel junge Mädchen 1987 vorgehen.

● **Mit Freunden auf die Piste**
Daniella Schulze-Hirschring (22), Lehrling: „Ich schlüpfe in mein kleines Schwarzes, schminke mich und dann geht die Post ab. Einen Hunderter muß ich schon einstecken, wenn ich mit Freunden auf Piste gehe. Nach fünf Tagen Arbeit, gibt es für mich nichts Schöneres, als samstags einen draufzumachen, sonntags lange auszuschlafen"

● **Hamburger verkaufen**
Tania Lange (19), Medizinstudentin: „Am Wochenende arbeite ich bei McDonalds. Ab Mitternacht geht's bei uns rund. Dann kommen die Nachtschwärmer, und wir haben alle Hände voll zu tun. Von den 430 Mark, die ich hier im Monat als Aushilfslohn steuerfrei verdiene, kaufe ich mir Bücher fürs Studium. Meine Eltern können ja nicht alles finanzieren"

● **Ordnerin im Eisstadion**
Kerstin Wollersen (19), Schülerin: „Ich erlebe meine Saturday-night-Fever nicht in der Disco, sondern im Eisstadion. Da ist Stimmung. Ich arbeite als ehrenamtliche Ordnerin beim 1. Hamburger Eishockey-Club. Bei den Heimspielen kontrolliere ich die Karten in der V.I.P.-Loge, achte drauf, daß meine Jungs nach dem Spiel nicht von Fans bestürmt werden"

● **Job in einer Szene-Kneipe**
Kirstin Meyer (22), Studentin: „Um meine klei◻ ne Zwei-Zimmer-Dachwohnung zu finanzieren, arbeite ich am Samstagabend in einer Szene-Kneipe. Acht Stunden wasche ich Teller, poliere Gläser, bringe auch mal Drinks an die Tische. Mit Trinkgeld verdiene ich pro Nacht einen Hunderter. Privat habe ich dann natürlich keinen Bock mehr auf Szene zu gehen"

R² **16** While in Germany you read this newspaper article describing what six young women do on Saturday evenings. Make notes on what they say under these headings:

Name	Job/Activity	Pay/Cost	Why they do it	Other comments
Natascha				

S¹ **17** Und was machst du am Samstag abend? Erzähle.

> zu Hause bleiben – auf eine Party gehen – mit Freunden –
> lesen – fernsehen – in die Disco gehen – ins Kino –
> meistens – oft – manchmal – immer

S² **18** Your penfriend's parents ask what sorts of Saturday jobs people of your age do in England and how much they earn. They are also interested in what legal restrictions there are on young people working. What can you tell them?

> Ich arbeite als ... Meine Schulfreunde ... Aushilfe in ... Supermarkt ...
> Bäckerei ... Plattengeschäft ... Autos putzen ... Gartenarbeit ... Rasen mähen ...
> Zeitungen austragen ... Man verdient ... Mit 16 darf man ... aber ... darf man noch
> nicht ..., ... ist bei uns verboten. Wir arbeiten von ... bis ... Uhr.

Deutschland gegen England – diese Woche live im ZDF. Von allen 21 Begegnungen ist das WM-Finale von 1966 unvergessen geblieben – zumal das umstrittene 5. Tor

Uns Uwe und Bobby Moore – was ist aus ihnen allen geworden?

Uwe Seeler = der Geschlagene. Das Foto wurde so berühmt wie das Finale selbst

Fotos: AP, DPA, Sven Simon (2)

Die Verlierer hatten letztlich mehr Glück. Denn die Geschlagenen von 1966 haben es fast alle zu beträchtlichem Wohlstand – Overath, Schulz, Beckenbauer und Seeler gar zu Vermögens-Millionen gebracht.

Von den elf englischen Weltmeistern hingegen haben nur wenige aus ihrem Ruhm auch einen einträglichen Beruf machen können. Für Fußballer wie Nobby Stiles und Bobby Moore wurde er gar zur Last. Die meisten der Spieler sind am Ende wieder in ihre angestammte Welt zurückgekehrt, wie Hunt (Fuhrunternehmen) oder Wilson (Beerdigungsunternehmen), die Familienbetriebe übernahmen.

In der Bundesrepublik hat der 4:2-Sieg der Engländer im Juli 1966 im Londoner Wembley-Stadion bis heute einen bitteren

ZDF
Fußball-Länderspiel
Deutschland · England
Mittwoch, 9. 9., 20.10 Uhr

Beigeschmack behalten. Der alles entscheidende Treffer zum 2:3 in der Verlängerung (Haller, Hurst, Peters und Weber hatten die Tore zum 2:2 erzielt) ist bis heute das umstrittenste Tor in der Fußballgeschichte geblieben. Nach einem Hurst-Schuß an die Latte hatte der russische Linienrichter Bachramow den Abpraller hinter der Torlinie gesehen.

Norbert Scheid

Overath ist der Größte · Stiles liebt den Whisky

Hans Tilkowski (52 Jahre/39 Länderspiele): Geschenkartikel-Vertrieb in Herne. Als Trainer bei 1860 München, Bremen und AEK Athen gescheitert.

Horst-Dieter Höttges (44/66): Puma-Vertreter, wohnt bei Bremen, Mercedes 500, zehn Eigentumswohnungen.

Willi Schulz (49/66): Als Chef der Willi Schulz GmbH (Versicherungen, Finanzierungen, Immobilien) und der SK-Automatenbetriebe wirtschaftlich gut situiert.

Wolfgang Weber (43/53): Angestellt bei adidas, geschieden, Mietwohnung in Köln-Nippes, als Trainer bei Werder Bremen 1979 gescheitert.

Karl-Heinz Schnellinger (48/47; verh., drei Töchter): PR-Manager in Mailand.

Franz Beckenbauer (41/104): Teamchef des DFB. Sohn Thomas betreibt ein Restaurant in Costa Rica, Michael macht Ersatzdienst in einem Krankenhaus, und Stefan möchte Fußballprofi werden.

Helmut Haller (47/33): Boutiquenbesitzer in Augsburg, zweite Ehe mit einer 20 Jahre jüngeren Frau.

Wolfgang Overath (44/81): Selbständiger adidas-Großhändler, Immobiliengeschäfte (mehr als 100 Wohnungen, Supermarkt in Amerika).

Uwe Seeler (51/72): Selbständig (adidas-Vertreter, „Uwe Seeler Moden"), zwölf Angestellte.

Siegfried Held (45/41): Trainer von Island, 1983 bei Schalke gescheitert.

Lothar Emmerich (44/5): Neuerdings Oberliga-Trainer des Honnefer FV (Oberliga Nordrhein).

Gordon Banks (49 Jahre): Der Torhüter, der 1972 bei einem Autounfall sein rechtes Auge verlor, betreibt mit seiner deutschen Ehefrau ein PR-Büro.

George Cohen (47): Dreimal bereits hat er eine Krebserkrankung besiegt. Ist ein erfolgreicher Anlageberater in Kent.

Jackie Charlton (52): Seit 1986 Manager der Nationalmannschaft der Republik Irland. Im Fernsehen hat er eine eigene Sendung – über Angeln.

Bobby Moore (46): Schulden, die Ehefrau weggelaufen, als Fußball-Manager mehrfach gescheitert. Englands populärster Fußballer war kein Glückspilz. Jetzt Sportchef einer Sonntagszeitung.

Ray Wilson (52): Besitzer eines Beerdigungsunternehmens in Huddersfield.

Nobby Stiles (44): Bescheidenes Einkommen als zweiter Manager von West Bromwich. Den Job hat Freund Bobby Charlton dem Whisky-Trinker besorgt. Als Manager von Preston und Vancouver (Kanada) gescheitert. Sohn John ist Profi bei Leeds.

Bobby Charlton (49): Inzwischen Direktor seines Klubs Manchester United. TV-Kommentator.

Martin Peters (43): Versicherungsangestellter.

Alan Ball (41): Hat als Fußball-Manager gerade Portsmouth in die 1. englische Division geführt.

Roger Hunt (48): Macht mit zwölf Lastwagen drei Mill. Mark Jahresumsatz.

Geoff Hurst (46): Der dreifache Torschütze ist Angestellter einer Unfallversicherung.

Uwe Seeler (links) und Bobby Moore, die Kapitäne, sind Freunde geworden

Where are they now?

R²

19 This magazine article follows the careers of the players in the famous 1966 World Cup final.
What has happened to the players of both teams since 1966?
Make a list of both teams with their current jobs.

Topic 4 · Education and Future Career

1 Your German penfriend shows you his timetable for the new school year. Look at it and answer the questions below.

Stundenplan der Klasse 9

Zeit	Montag	Dienstag	Mittwoch	Donnerstag	Freitag	Samstag*
7.50–8.35	Mathem.	Frz.-Lat.	Physik	Deutsch	Physik	Mathem.
8.40–9.25	Englisch	Mathem.	Englisch	Frz.-Lat.	Englisch	Mathem.
9.30–10.15	Religion	Geschichte	Gemkde	Gemkde	Geschichte	Deutsch
10.35–11.20	Frz.-Lat.	Kunst	Deutsch	Religion	Musik	Deutsch
11.25–12.10	Chemie	Kunst	Mathem.	Sport	Frz.-Lat.	Musik
12.15–13.00	Deutsch	Chor-Orch.	Chemie	Sport	Fr.L.-AG	Musik
13.55–14.40	Frz.-AG			Lat.-AG	Span.-AG	
14.45–15.30				Lat.-AG	Span.-AG	

*) an jedem zweiten Samstag ist schulfrei

Frz = Französisch, Lat = Latein, Gemkde = Geimeinschaftskunde, Span = Spanisch
AG = Arbeitsgemeinschaft = voluntary extra class or club after school

a) What subjects does he have on Fridays?

b) On which day does he have a double period of art?

c) How many periods of history does he have each week?

d) What are the arrangements for school on Saturdays?

2 You are going to your German penfriend's school tomorrow. He is thinking about what is on:

1) What lessons will you be having tomorrow?

2) Which ones does your penfriend comment on?

3) What does he say about them?

4) What does he ask you to do?

3 Now answer your friend's questions about your own school:

a) Wie heißt eigentlich eure Schule?

b) Seit wann bist du da?

c) Welche Fächer hast du dieses Jahr?

d) Was ist dein Lieblingsfach?

e) Um wieviel Uhr mußt du morgens da sein?

f) Und wann ist die Schule bei euch aus?

g) Wie gefällt es dir dort?

h) Wie sind die Lehrer?

4 Now ask your friend for some further information about his school:
  – ask how big it is

  – ask him how he likes English

  – find out about his favourite and *least* favourite subjects

  – ask how he gets to school

5 Your ideal timetable

Work with a partner.
Prepare two blank timetable forms each. Use one to write out your own ideal timetable without letting your partner see. Ask each other *when* you have the various subjects and note down the details on your blank timetable.
Afterwards check that you have obtained the correct information.

MONTAG   DIENSTAG

1. Stunde

2. Stunde

3. Stunde

Hast du . . . ? Wie viele Stunden?
Wann hast du . . . ?
Ist das eine Doppelstunde?
Die erste Stunde ist . . . . ?

6 Your penfriend is talking on the phone to her grandmother, who is obviously asking questions about her progress at school.
What does your friend say about her different subjects?

7 Reports

Your penfriend's younger brother shows you his school report.
Is it a good report?
What does he most need to improve?

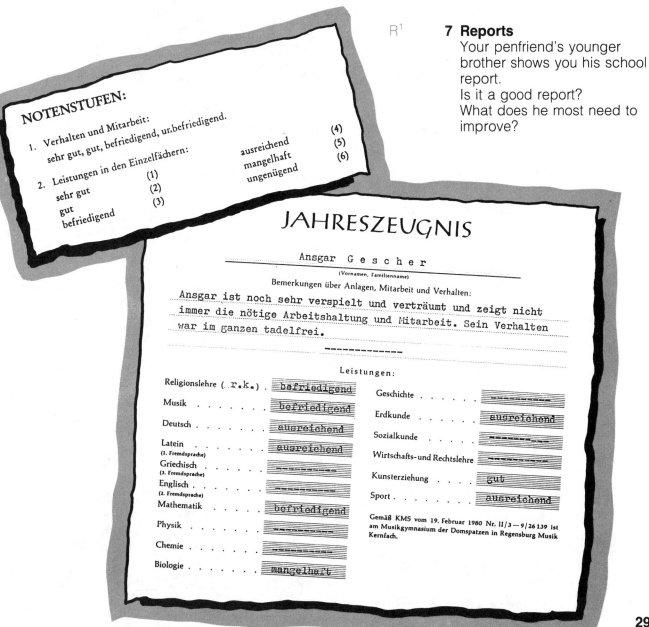

NOTENSTUFEN:

1. Verhalten und Mitarbeit:
   sehr gut, gut, befriedigend, ur.befriedigend.

2. Leistungen in den Einzelfächern:
   sehr gut (1)
   gut (2)
   befriedigend (3)
   ausreichend (4)
   mangelhaft (5)
   ungenügend (6)

JAHRESZEUGNIS

Ansgar Gescher

(Vornamen, Familienname)

Bemerkungen über Anlagen, Mitarbeit und Verhalten:

Ansgar ist noch sehr verspielt und verträumt und zeigt nicht immer die nötige Arbeitshaltung und Mitarbeit. Sein Verhalten war im ganzen tadelfrei.

- - - - - - - - - - -

Leistungen:

Religionslehre (r.k.) . befriedigend
Musik . . . . befriedigend
Deutsch . . . . ausreichend
Latein . . . . ausreichend
(1. Fremdsprache)
Griechisch . . . . . . _____
(3. Fremdsprache)
Englisch . . . . _____
(2. Fremdsprache)
Mathematik . . . . . befriedigend
Physik . . . . _____
Chemie . . . . _____
Biologie . . . . mangelhaft

Geschichte . . . . . _____
Erdkunde . . . . . . ausreichend
Sozialkunde . . . . . _____
Wirtschafts-und Rechtslehre _____
Kunsterziehung . . . . gut
Sport . . . . ausreichend

Gemäß KMS vom 19. Februar 1980 Nr. II/3 — 9/26 139 ist am Musikgymnasium der Domspatzen in Regensburg Musik Kernfach.

R[1]

8 If you are worried about your marks at school you can pay for extra tuition. These advertisements are from the local newspaper. Which numbers would you telephone if you were in the following situations?

a) You need help with Latin.

b) You would like practice in French conversation.

c) You are having trouble with Economics at school.

d) You need assistance with homework in general.

Unterricht

MATHEMATIK, Englisch, Einzelunterricht. ☎ 31 85 42.

ESPANOL, spanischer Lehrer, alle Stufen. Carlos, 31 85 42.

LATEIN, von Beginn, alle Stufen. 51 4 18.

KÄRNTNER Mathematikstudentin gibt Nachhilfe. ☎ 0 31 6/43 42 23.

KLAVIERSTUNDEN für fleißige Schulkinder, Innenstadt. 93 74 53.

MATHEMATIK, Physik und Basic. 63 73 63.

PROFESSORIN, Mathematik, Englisch. 44 5 61.

TU-Student gibt Nachhilfe, Mathematik, Physik, DG. 62 6 37.

**LERNHILFEKURSE – Nachhilfeforum – nur im IML-Lernzentrum, 0 31 6/78 9 44 od. 75 6 69 od. 0 38 62/55 6 60.

ALPHA DYNAMIC SUPER-LEARNING – die Neue Dimension des Lernens – Fremdsprachenseminare – nur im IML-Lernzentrum, 0 31 6/78 9 44 od. 75 6 69.

SCHULPROBLEME? Jetzt einsteigen in den laufenden Kurs. AFM-Lernhilfe, 67 15 22. Seit 10 Jahren bewährt. *

GITARRE (Pop, Folklore, Jazz). ☎ 91 17 09.

BALLETTSCHULE TALOTTA, Kinder- und Erwachsenenkurse. Hofgasse 6, ☎ 78 9 79. *

DOLMETSCHBÜRO Prof. DDDr. Micolinis Wtw. übersetzt amtsgültig. Glacisstraße 57. *

LATEIN-NACHHILFE, alle Klassen, Uninähe. 33 79 03.

SPANIERIN, Nachhilfe, Konversation, Grammatik. Abends: 36 24 35.

MATHEMATIKNACHHILFE. ☎ 44 13 22.

NACHHILFE: Latein, Französisch. ☎ 91 10 26.

LERNBETREUUNG für Handelsakademie und Handelsschule. 52 1 23.

MATHEMATIKSTUDENT gibt Nachhilfe. ☎ 43 06 45.

FRANZÖSIN erteilt Nachhilfe. Anrufe mittags und abends: 33 74 93.

TÄGLICHE Aufgabenhilfe. AFM, 67 15 22. Noch Kursplätze frei! *

ENGLISCHSTUDENTIN gibt günstig Nachhilfe für HS und AHS, Unterstufe. ☎ 62 4 11.

SCHWIERIGKEITEN in den wirtschaftlichen Fächern! Kein Problem. ☎ 43 18 32.

FRANZÖSIN erteilt Nachhilfe. Frl. Escandre, 37 6 45/12.

HAUSBESUCH: Latein, Englisch. Unter „S 90.- 098 SO" Kl. Ztg.

PHYSIK-Mathematik-Studentinnen erteilen Nachhilfe. 64 61 34.

MATHEMATIK, DG, gibt Lehrer, S 100.-. ☎ 65 02 44.

DEUTSCH, Englisch, Französisch, Lern-Nachhilfe. 70 56 48.

SUCHE Nachhilfe in Mathematik und Statistik. Unter „Uni 6964 P" Kl. Ztg. *

L[2]

9 Your friend Silke is talking to her father about the new timetable this year.

1) In which subjects does she have fewer lessons this year?

2) In which four subjects does she have new teachers?

3) Is this good news? What does she say about the changes?

4) What else has changed in Silke's class?

5) Why was this change necessary?

W[1]

10 Write a letter to a new penfriend in which you describe your school.

Mention: size and type of school
the school day (times and breaks)
your subjects
what you like and *don't* like

Ask about your penfriend's school also:
is it big?
is it mixed?
favourite subjects?

A School Exchange Trip

Programmgestaltung für den Englandaustausch

Do. 16.10   Ankunft der englischen Gäste (20.45 Uhr)
                    Wir treffen uns am Hauptbahnhof.
Fr. 17.10   Besuch der Schule
   1. Stunde   Unsere englischen Gäste sehen im Sprachlabor einen Film
                    über die Stadt und Umgebung.
   2.-5.Stunde   Teilnahme am Unterricht in den Klassen und Kursen der
                    gastgebenden Schüler.
   6.Stunde   Kleiner Empfang im Musiksaal. Unsere deutschen Gastgeber
                    und interessierte Eltern sind herzlich dazu eingeladen.
Sa. 10.10
So. 19.10   Frei für die Gastfamilien
Mo. 20.10   1.Stunde nach Plan
                    9.00 Uhr Stadtrundfahrt. Abfahrt von der Schule.
                    Sofern möglich sollen die deutschen Schüler an
                    der Stadtrundfahrt teilnehmen.
                    Ab 12.00 Uhr frei.
Di. 21.10   Besuch des WDR. (nur für die englischen Schüler)
                    Treffen an der Schule (8.00 Uhr)
                    Bus zum Rundfunkhaus. Anschl. zum Römisch-Germanischen
                    Museum (bis ca. 13 Uhr). Bitte dort abholen.
Mi. 22.10   Tagesausflug nach Bonn (nur für die englischen
                    Schüler - bitte Lunchpaket mitgeben)
                    Besichtigungen: Beethovenhaus und Bundeshaus.
                    Ankunft an der Schule gegen 17 Uhr.
Do. 23.10   Verabschiedung der Gäste. Rückfahrt nach England. Abfahrt
                    10.30 Uhr vom Hauptbahnhof.

R[2] **11** Here is the programme for your school's visit to Germany. It has just arrived by post and
your teacher has asked you to work out an English version.
In the meantime can you answer the questions of your school friends?

a) When do we get there and will they meet us?

b) Do we have to go to lessons?

c) What excursions are there?

d) Do the Germans come with us on the visits?

e) How much free time do we get?

W[2] **12** Could you devise a similar programme for a German group coming to your school?
— What would they do in school?
— What excursions could you organise?
Write out a draft programme for them in German.

L[2] **13** While you are on an exchange in a school in Germany you hear your German friends
discussing what they talk about in the bus on the way to school. What things do they
mention?

R² **14** You have received this letter from your penfriend, Anna. You are doing a project on German schools and asked her for some information about the pupils' council or "parliament" in her school.
  – Can you explain these terms: Klassensprecher?
  Schülerrat?
  Schülersprecher?
  – What advantages does Anna see in this system?

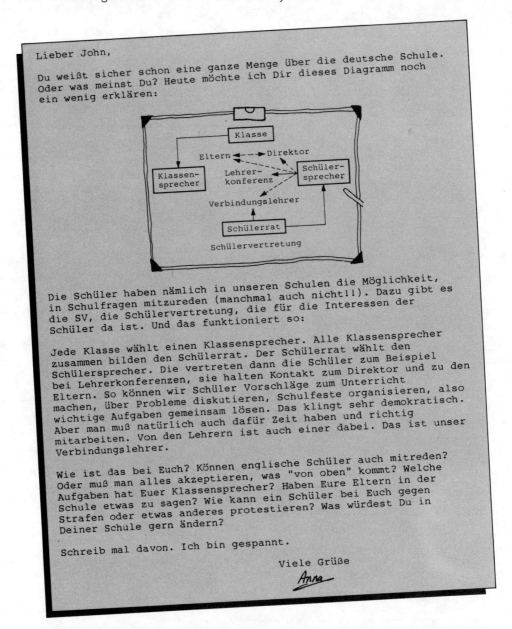

Lieber John,

Du weißt sicher schon eine ganze Menge über die deutsche Schule. Oder was meinst Du? Heute möchte ich Dir dieses Diagramm noch ein wenig erklären:

Die Schüler haben nämlich in unseren Schulen die Möglichkeit, in Schulfragen mitzureden (manchmal auch nicht!!). Dazu gibt es die SV, die Schülervertretung, die für die Interessen der Schüler da ist. Und das funktioniert so:

Jede Klasse wählt einen Klassensprecher. Alle Klassensprecher zusammen bilden den Schülerrat. Der Schülerrat wählt den Schülersprecher. Die vertreten dann die Schüler zum Beispiel bei Lehrerkonferenzen, sie halten Kontakt zum Direktor und zu den Eltern. So können wir Schüler Vorschläge zum Unterricht machen, über Probleme diskutieren, Schulfeste organisieren, also wichtige Aufgaben gemeinsam lösen. Das klingt sehr demokratisch. Aber man muß natürlich auch dafür Zeit haben und richtig mitarbeiten. Von den Lehrern ist auch einer dabei. Das ist unser Verbindungslehrer.

Wie ist das bei Euch? Können englische Schüler auch mitreden? Oder muß man alles akzeptieren, was "von oben" kommt? Welche Aufgaben hat Euer Klassensprecher? Haben Eure Eltern in der Schule etwas zu sagen? Wie kann ein Schüler bei Euch gegen Strafen oder etwas anderes protestieren? Was würdest Du in Deiner Schule gern ändern?

Schreib mal davon. Ich bin gespannt.

Viele Grüße

Anna

W² **15** Write a reply to Anna in which you answer the questions in her last paragraph.

S² **16** A German friend asks you about the system here. What would you say?

> *Langer Schultag, manchmal anstrengend   –   Mittagspause von . . . bis . . . ,   – Schulessen: wie es schmeckt   –   viel/wenig Aufgaben: Dienstag zum Beispiel   –   unsere Schuluniform; ich finde sie . . .   –   welche Fremdsprachen du lernst   –   wann es Strafen gibt   –   wie demokratisch die Schule ist, wann ihr mitreden könnt / wann nicht.*

Das Schulsystem in der Bundesrepublik

R² **17** Anna has also included this diagram of the German school system.

a) There seem to be two systems: what is the main difference between them?

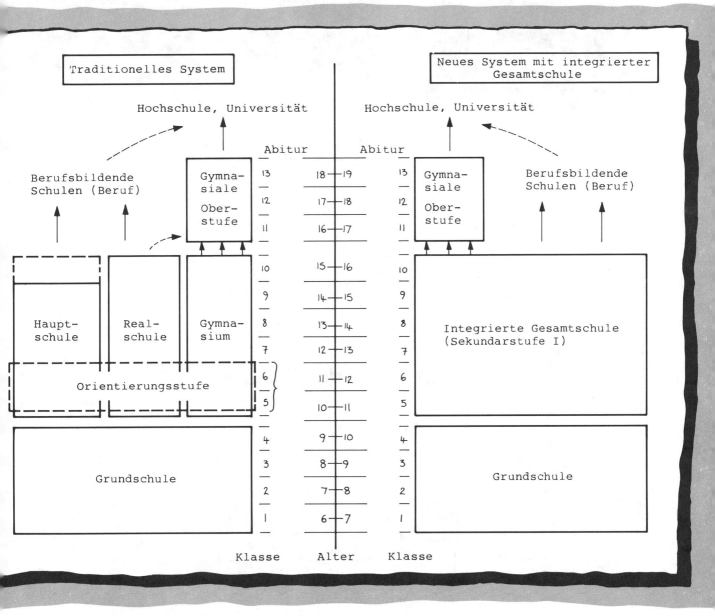

b) Anna goes to a Realschule ("Technical" School) and wants to go to university one day. What must she do at the age of 16?

S²W² **18** Describe your own school system and your own school career so far.

> *Wir gehen von* .... *bis* ....
> *Bei uns heißt das* ....
> *Das ist so etwas wie* .... *bei Ihnen.*
> *Nach* .... *Jahren kommt man* ....
> *Von* .... *bis* .... *bin ich* ....
> *'Primary school', das ist wie* .... *in Deutschland.*

L²

19 Listen to these people talking about the schools they went to.

A **Jürgen** – What sort of secondary school did he attend.
– When did he leave?
– What is his current job?

B **Henning** – What sort of school does he attend?
– Which class is he in?
– What exams/qualifications is he aiming for?
– What are his career plans?

C **Dirk** – What kind of school does Dirk go to?
– What does he want to study later on?

Streß in der Schule

LESERBRIEFE

Am meisten habe ich vor der Schule Angst. Wenn wir zum Beispiel eine Arbeit schreiben, überkommt mich immer ein ungutes Gefühl, und ich bekomme Bauchweh. Wenn wir dann die Arbeit zurückbekommen, bekomme ich wieder Bauchweh, und ich überlege, ob ich auch alles richtig gemacht habe.

Ich bin erst wieder beruhigt, wenn ich die Arbeit zurückhabe.

Die Angst bekomme ich auch, wenn mich der Lehrer aufruft und ich habe gerade nicht aufgepaßt.

Dann hoffe ich, daß er schnell jemand anderen aufruft.

Thomas L.

Ich habe schon oft versucht, meine Probleme mit meinen Eltern zu besprechen. Aber sie sind immer sehr beschäftigt und haben nur dann Zeit, wenn ich in der Schule Mühe habe. Dann überhäufen sie mich mit Vorwürfen. Sie sagen: „Hauptsache, du bist in der Schule gut; alles andere ist unwichtig."
Marie-Christine (15)

Ich besuche die 9. Klasse des Gymnasiums. Im Fach Englisch ordnete unser Lehrer an, daß jeder, der bei der Schulaufgabe nur die Note ausreichend schafft, eine ganze Lektion aus dem Englischbuch abschreibt. Das sind immerhin 14 Druckseiten. Den Fünfer- und Sechserkandidaten wurden gleich zwei volle Lektionen mit zusammen 30 Druckseiten aufgegeben. Und das alles noch zusätzlich neben den laufenden Hausaufgaben und innerhalb von 14 Tagen! Wir schaffen das einfach nicht.
F. Säger

R²

20 These three young people have written to a magazine about their problems. What exactly is each of them worried about?

GOING UP? – OR STAYING DOWN?

Nicht versetzt– und was dann?

(a)

...smal geht es um die Ver-
...zung. Vielen Schülern
...nn man gratulieren. Aber
...nige fühlen sich schlecht,
...enn sie müssen nun schwarz
...af weiß lesen: "Nicht ver-
...etzt." Was sagen die Eltern
...ohl dazu? Und die Klasse?
...itzenbleiben ist aber heute
...eine Schande mehr. Wenn ein
...chüler Hilfe braucht, kann
...er das Sorgentelefon in sei-
...ner Stadt anrufen. Denn: Je-
...der zweite bis dritte Schü-
...ler bleibt in seiner Schul-
...zeit irgendwann einmal sit-
zen.

(b)

„Nicht überfordern"

Ich sage den El-
tern immer wieder:
Ein gutes Zeugnis
ist keine Garantie, daß jemand später im Beruf auch erfolgreich ist!
Wenn ein Schüler das Klassenziel
nicht schafft, sprechen wir vorher
mit den Eltern ausführlich darüber:
Die Versetzungskonferenz ist bei
uns „offen": Eltern- und Schüler-
vertreter nehmen daran teil.

Marianne M., Realschülerin

„Ich habe mich verbessert"

Ich bin in der 6. Klasse zurückgestellt
worden, weil ich zu lange krank war und
den Anschluß nicht mehr fand. In der 8.
Klasse bin ich dann wegen Faulheit
backen geblieben. In Englisch und
Erdkunde hab' ich eine Fünf bekommen.
Der Ausgleich in Musik – da hatte ich
eine Eins – hat nichts genützt. Ich finde
es eigentlich ganz gut, wenn man die
Klasse wiederholt. Ein paar Sachen
fallen mir jetzt leichter, und zum Teil
behandeln wir auch ganz andere
Themen. Ich habe mich in allen Fächern
verbessert. Aber das liegt auch zum Teil
an den anderen Lehrern. Wenn ich die
Schule verlasse, habe ich ein besseres
Zeugnis!

(c)

Sorgentelefone
des Deutschen Kinderschutzbundes

Hier könnt ihr kostenlos anrufen, wenn
ihr eine Sorge oder ein Problem habt.

Aachen	(02 41)	3 33 43
Brühl	(0 22 32)	4 44 25
Düsseldorf	(02 11)	66 38 09
Essen	(02 01)	51 58 29
Frankfurt	(06 14)	00 00 00

R^2

21 Read each text then answer the
following questions:

a) What is this text mainly about?
What are pupils often afraid of?
What advice are they given?
What is the 'minor' consolation
at the end of the text?

b) What is this Head's attitude?
What practical steps does he
take?

c) The writer of this letter
expresses quite different views.
What are they?

d) What general conclusions are
drawn in this text?

Versetzung = going up to the
next class at the end of the
year.
Sitzenbleiben = stay down and
repeat the year.

Mädchen kommen besser mit . . .

Etwa 38 000 Schüler mußten letz-
tes Jahr die Klasse wiederholen.
An den Grund- und Hauptschulen
sind 2,5 Prozent der Schüler
sitzengeblieben, an den Real-
schulen 7,2 Prozent, an den Gymnasien 8,6 Prozent. Dabei haben
Mädchen durchweg besser abge-
schnitten als Jungen. An den
Gymnasien sind fast doppelt soviel Jungen sitzengeblieben wie
Mädchen. Entsprechen Mädchen
eher dem Bild des „guten Schü-
lers"? Sind sie ordentlicher, flei-
ßiger, aufmerksamer . . . ?

(d)

22 Hast du schon Zukunftspläne?

(Discuss the advantages and disadvantages of different jobs with your partner.)

Friseur/Friseuse

Profisportler/Profisportlerin

Lehrer/Lehrerin

Autoschlosser/Autoschlosserin

Musiker/Musikerin

Gärtner/Gärtnerin

Verkäufer/Verkäuferin

Journalist

Arzt/Ärztin

Bankangestellte/r

Bäcker/Bäckerin

langweilig	dreckig	schwer	Ärger	einsam
	höflich	viele Menschen	viel reden	
frische Luft	reden	sitzen	früh aufstehen	viel reisen
	wenig verdienen	viel Freizeit	gefährlich	
viel Geld	viel Arbeit	Gesundheit	selbstständig sein	

+

Ein Bäcker hat immer frische Brötchen.

−

Er muß immer sehr früh aufstehen.

R[1]

23 Your German penfriend has sent you this cutting from a magazine.
Can you explain to a friend here:

– what it is about?

– what the figures show?

– what conclusions you could draw from this information?

Begehrte Lehrberufe
Die am stärksten besetzten Lehrberufe

Jungen		Mädchen	
Bankkaufmann	27 165	21 933	Groß- u. Außen-handelskauffrau
Bäcker	28 706	25 506	Bürogehilfin
Groß- u. Außen-handelskaufmann	29 306	27 165	Einzelhandels-kauffrau
Maurer	29 900	28 683	Bankkauffrau
Installateur (Gas u. Wasser)	32 059	29 385	Zahnarzthelferin
Tischler	37 938	38 967	Arzthelferin
Maler	38 138	41 154	Industriekauffrau
Maschinenschlosser	47 504	48 055	Bürokauffrau
Elektriker	53 366	66 028	Friseurin
Kfz-Mechaniker	81 168	112 571	Verkäuferin

© Globus 6461

W[2]

24 Lebenslauf

If you ever need to apply for a place at college or a job in Germany you will need to send a C.V. in which you give details about yourself and your education.
In German this is called a *Lebenslauf.* Here is an example. Study it and then try to write your own "Lebenslauf" in German.

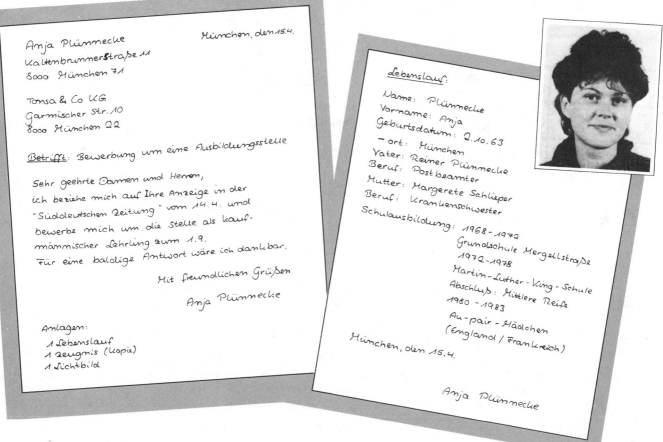

Anja Plümmecke
Kaltenbrummerstraße 11
8000 München 71

München, den 15.4.

Tonsa & Co KG
Garmischer Str. 10
8000 München 22

Betrifft: Bewerbung um eine Ausbildungsstelle

Sehr geehrte Damen und Herren,
ich beziehe mich auf Ihre Anzeige in der "Süddeutschen Zeitung" vom 14.4. und bewerbe mich um die Stelle als kaufmännischer Lehrling zum 1.9.
Für eine baldige Antwort wäre ich dankbar.

Mit freundlichen Grüßen

Anja Plümmecke

Anlagen:
1 Lebenslauf
1 Zeugnis (Kopie)
1 Lichtbild

Lebenslauf:

Name: Plümmecke
Vorname: Anja
Geburtsdatum: 2.10.63
– ort: München
Vater: Reiner Plümmecke
Beruf: Postbeamter
Mutter: Margerete Schlieper
Beruf: Krankenschwester
Schulausbildung: 1968-1972
Grundschule Mergellstraße
1972-1978
Martin-Luther-King-Schule
Abschluß: Mittlere Reife
1980-1983
Au-pair-Mädchen
(England/Frankreich)

München, den 15.4.

Anja Plümmecke

Die beliebtesten Hobbys von 6-bis 16jährigen
Bundesdurchschnitt, Mädchen und Jungen im Vergleich

Hobby	Bundes-durchschnitt		Mädchen		Jungen		Mädchen und Jungen in % nach Altersstufen		
	Rang	in %	Rang	in %	Rang	in %	6-9	10-13	14-16
Schwimmen,Tauchen	1	11,9	2	13,5	2	10,4	17,8	12,3	6,7
Fußball	2	10,0	15	0,9	1	19,0	10,2	9,9	10,0
Reiten, Pferde	3	8,6	1	15,0	11	2,3	8,0	9,7	8,0
Lesen	4	6,6	3	10,1	8	3,2	5,4	7,3	7,0
Malen, Zeichnen	5	4,4	4	6,2	10	2,6	6,6	3,7	3,2
Radfahren	6	4,1	9	2,5	4	5,6	6,0	3,9	2,6
Technisches Spielzeug	7	3,8	16	0,3	3	7,2	3,8	7,2	0,3
Tennis	8	3,7	8	3,1	7	4,2	2,7	3,9	4,3
Tischtennis	9	3,4	14	2,0	6	4,8	1,6	4,3	4,1
Turnen, Gymnastik, Ballett	9	3,4	5	3,4	14	1,4	5,4	3,3	1,7
Basteln	10	3,2	13	1,5	5	4,9	3,8	3,0	2,9
Musik hören	11	3,0	6	3,9	12	2,0	0,8	2,0	5,8
Musikinstrument spielen	12	2,8	7	3,8	13	1,8	2,3	3,1	2,9
Sammeln	13	2,4	12	1,6	9	3,1	2,0	3,0	2,1
Skisport	14	2,2	10	2,4	12	2,0	2,6	2,1	2,1
Haustiere	15	2,1	11	2,3	13	1,8	1,7	2,4	2,1

Quelle: Bundesverband der Deutschen Volksbanken und Raiffeisenbanken, Bonn

S¹

1 Was hast du für Hobbys?

> *Sport treiben – angeln – stricken – Computer – Musik hören – lesen – fernsehen – herumhängen – fotografieren – basteln – in den Club gehen – ein Instrument spielen – verschiedene Sachen sammeln*

L¹

2 Now listen to Gaby, Christian, Silvia, Heiner – what are their hobbies?

L²

3 What further details do they give you about their hobbies? Why do they enjoy them?

	Hobby	Why?	Other information
Gaby			
Christian			

S¹

4 Was machst du in deiner Freizeit?
– über's Wochenende oder abends nach der Schule?
Was hast du gestern abend gemacht? – und am Wochenende?
Was machst du in den Schulferien?

S¹

5 Frag deine Klassenkameraden!

Wie verbringst du deine Freizeit? Liest du gern .... ?

Hast du .... gesehen/gehört?

Wie findest du .... ?   Was hältst du von .... ?

Wie gefällt dir .... ?   .... ist doch gut, oder?

Magst du .... ?

√	?	×
toll .... *sympathisch* .... *mag ich sehr gern*	*Keine Ahnung* .... *ich weiß nicht*	*schlecht* .... *langweilig* ...... *find' ich blöd* ....

W¹

6 Macht eine Umfrage in eurer Klasse

Popmusik	Fußball	Fernsehen	....	....	....
√√	√	√√√	√	....	....
??	?	–	??	....	....
×	××	–	×	....	....

Cleopatra Isik, Keltern: „Elvis Presley ist mein Favorit. Er hat eine tolle Stimme, und mir gefallen alle seine Lieder. Wenn ein Film mit ihm im Fernsehen kommt, bin ich happy!"

Blitzumfrage:
Auf welche Oldies steht Ihr?

Fan-Club-Mitglieder, aufgepaßt! Jeden Dienstag zwischen 16 und 18 Uhr rufen wir BRAVO-Leser an, die einen Fan-Club-Ausweis beantragt haben und in der Fan-Club-Kartei verzeichnet sind. Wir befragen sie zu einem aktuellen Thema. Mitglieder, die zu Hause sind und zum Thema Interessantes zu sagen haben, werden mit Foto veröffentlicht und · bekommen 20 Mark Honorar ...

Udo Ehemann, Petersaurach: „Wenn ich gute Oldies im Radio höre, nehme ich sie auf Kassette auf – wie zum Beispiel ,Stand by me' oder ,Reet Petite'. Auch das von Sandra neu aufgenommene ,Everlasting Love' finde ich gut. Aber Oldie-Platten kaufe ich mir nie!"

Petra Erber, Dachau: „Mir gefällt ,Season in the Sun' von Terry Jacks sehr gut. Das Lied ist so schön traurig. Auch der neue Song von den Bee Gees gefällt mir. Aber meistens weiß ich nichts über die Interpreten. Wann die Songs entstanden sind, würde mich interessieren!"

Benedikt Kienberger, Thierhaupten: „Los Lobos mit ,La Bamba' gefallen mir zur Zeit am besten. Der Song fetzt. Ich höre mir nur den Titel an, die Gruppe interessiert mich nicht!"

Thomas Hellmann, Overath: „Eigentlich stehe ich mehr auf moderne Pop-Musik, aber Elvis Presley ist okay! Überrascht war ich von dem Auftritt der Bee Gees in ,Wetten, daß ...?'. Der Song ,You win again' ist nicht schlecht, und besonders Robin Gibb sieht jetzt mit Sonnenbrille viel fetziger aus!"

Susanne Hundt, Hambühren: „Jackie Wilson finde ich ganz toll. Er konnte super tanzen, und sein ,Reet Petite' ist mein absolutes Lieblingslied. Auch Sam Cooke mag ich sehr gern!"

R²

7 Pop classics!

a) Which of these "Bravo" readers is keenest on old pop records?

b) Who is most interested in a particular singer?

c) Which of the six readers are not really interested in the singers themselves?

Club – Nachrichten

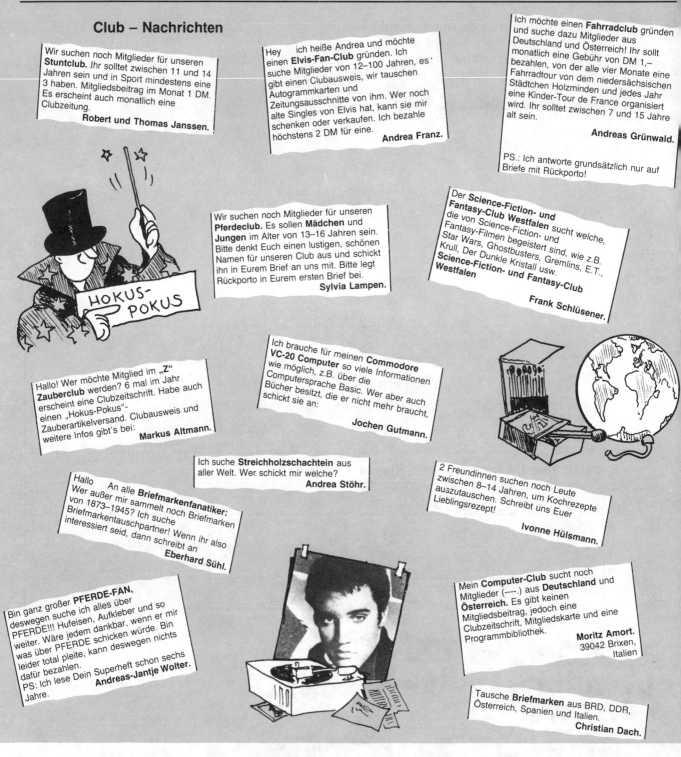

Wir suchen noch Mitglieder für unseren **Stuntclub**. Ihr solltet zwischen 11 und 14 Jahren sein und in Sport mindestens eine 3 haben. Mitgliedsbeitrag im Monat 1 DM. Es erscheint auch monatlich eine Clubzeitung.
Robert und Thomas Janssen.

Hey ich heiße Andrea und möchte einen **Elvis-Fan-Club** gründen. Ich suche Mitglieder von 12–100 Jahren, es gibt einen Clubausweis, wir tauschen Autogrammkarten und Zeitungsausschnitte von ihm. Wer noch alte Singles von Elvis hat, kann sie mir schenken oder verkaufen. Ich bezahle höchstens 2 DM für eine.
Andrea Franz.

Ich möchte einen **Fahrradclub** gründen und suche dazu Mitglieder aus Deutschland und Österreich! Ihr sollt monatlich eine Gebühr von DM 1,– bezahlen, von der alle vier Monate eine Fahrradtour von dem niedersächsischen Städtchen Holzminden und jedes Jahr eine Kinder-Tour de France organisiert wird. Ihr solltet zwischen 7 und 15 Jahre alt sein.
Andreas Grünwald.

PS.: Ich antworte grundsätzlich nur auf Briefe mit Rückporto!

Wir suchen noch Mitglieder für unseren **Pferdeclub**. Es sollen **Mädchen** und **Jungen** im Alter von 13–16 Jahren sein. Bitte denkt Euch einen lustigen, schönen Namen für unseren Club aus und schickt ihn in Eurem Brief an uns mit. Bitte legt Rückporto in Eurem ersten Brief bei.
Sylvia Lampen.

Der **Science-Fiction- und Fantasy-Club Westfalen** sucht welche, die von Science-Fiction- und Fantasy-Filmen begeistert sind, wie z.B. Star Wars, Ghostbusters, Gremlins, E.T., Krull, Der Dunkle Kristall usw.
Science-Fiction- und Fantasy-Club Westfalen
Frank Schlüsener.

Hallo! Wer möchte Mitglied im „Z" **Zauberclub** werden? 6 mal im Jahr erscheint eine Clubzeitschrift. Habe auch einen „Hokus-Pokus"-Zauberartikelversand. Clubausweis und weitere Infos gibt's bei:
Markus Altmann.

Ich brauche für meinen **Commodore VC-20 Computer** so viele Informationen wie möglich, z.B. über die Computersprache Basic. Wer aber auch Bücher besitzt, die er nicht mehr braucht, schickt sie an:
Jochen Gutmann.

Ich suche **Streichholzschachtein** aus aller Welt. Wer schickt mir welche?
Andrea Stöhr.

Hallo An alle **Briefmarkenfanatiker:** Wer außer mir sammelt noch Briefmarken von 1873–1945? Ich suche Briefmarkentauschpartner! Wenn ihr also interessiert seid, dann schreibt an
Eberhard Sühl.

2 Freundinnen suchen noch Leute zwischen 8–14 Jahren, um Kochrezepte auszutauschen. Schreibt uns Euer Lieblingsrezept!
Ivonne Hülsmann.

Bin ganz großer **PFERDE-FAN,** deswegen suche ich alles über PFERDE!!! Hufeisen, Aufkleber und so weiter. Wäre jedem dankbar, wenn er mir was über PFERDE schicken würde. Bin leider total pleite, kann deswegen nichts dafür bezahlen.
PS: Ich lese Dein Superheft schon sechs Jahre.
Andreas-Jantje Wolter.

Mein **Computer-Club** sucht noch Mitglieder (----) aus **Deutschland** und **Österreich.** Es gibt keinen Mitgliedsbeitrag, jedoch eine Clubzeitschrift, Mitgliedskarte und eine Programmbibliothek.
Moritz Amort.
39042 Brixen, Italien

Tausche **Briefmarken** aus BRD, DDR, Österreich, Spanien und Italien.
Christian Dach.

R[1]   **8** Young people of all ages have written to this magazine inviting others who share their interests to exchange letters or form a club.

a) List, in English, all the hobbies mentioned.

b) Andrea Franz wants to start an Elvis fan-club – what exactly does she have in mind?

c) Your penfriend's younger sister is interested in horses. Who could she write to?

W[1]   **9** Write a short letter to whichever one of these young people has a hobby similar to yours (e.g. music). Ask further questions about the hobby mentioned and give some information about your own interests.

"Treff" is a magazine for school students. Readers were invited to contribute to a survey of young people's free time activities.

Die Ergebnisse unserer Umfrage

So sieht's mit Eurer Freizeit aus:

Im Novemberheft '80 hatten wir gefragt: „Was macht ihr, wenn ihr aus der Schule kommt, mit dem Nachmittag, was macht ihr sonntags?" 970 Postkarten und Briefe stapelten sich bis zum 15. Dezember auf unseren Schreibtischen. Wie 312 Schüler und 658 Schülerinnen ihre Freizeit verbringen, ist schon ganz erstaunlich: Für den Nachmittag in der Woche haben viele sogar einen richtigen Stundenplan entwickelt. Diesen Wochenplan schickte uns Barbara:

„*Montag*: Schularbeiten, 15 bis 17 Uhr Klavierstunde; *Dienstag*: Schularbeiten, 15 bis 17 Uhr Volleyball, abends Chor; *Mittwoch*: Schularbeiten, Freundinnen besuchen; *Donnerstag*: Schularbeiten, 15 bis 17 Uhr Konfirmandenunterricht; *Freitag*: Schularbeiten, 18.30 bis 20 Uhr Trompete spielen, anschließend Jazzdance."

Aber nicht nur die Mädchen sind so beschäftigt, auch die Jungen haben viele Verpflichtungen. Thomas geht zum Beispiel zweimal in der Woche in einen Turnverein, zweimal wöchentlich in den Chor und hat zusätzlich noch Gitarrenunterricht. Viele von euch hören nicht nur sehr gerne Musik, sondern spielen auch selbst ein Instrument: Klavier, Flöte, Gitarre und Akkordeon wurden am häufigsten angegeben.

Andreas Gauglitz   Hubert Ladurner   Petra Rebe

Und das sind die Hauptgewinner unseres Preisausschreibens:

Den ersten Preis, **14tägige Sprachferien in England**, gewann **Andreas Gauglitz** aus Mannheim. Wenn Andreas aus der Schule kommt, macht er Hausaufgaben. Dann holt er meistens seinen Freund ab, mit dem er Fußball, Tischtennis oder andere Spiele spielt. Einmal in der Woche hat Andreas Gitarrenunterricht, und am Sonntag ministriert er auch manchmal in der Kirche.
Den zweiten Preis, **einen Kassettenrecorder**, gewann **Hubert Ladurner** aus Naturns (Italien). Er schrieb uns: „Im Sommer vor allem bleibt mir wenig Freizeit, denn ich wohne auf einem Bauernhof und dort gibt es ja den ganzen Tag viel Arbeit, zum Beispiel bei der Heuernte, im Stall usw. Ich bin immer froh, wenn wieder der Sonntag kommt, dann kann ich mal wieder richtig herumtollen."
Den dritten Preis, **einen Fotoapparat**, gewann **Petra Rebe**. Petra schrieb uns: „Wenn ich aus der Schule komme und meine Hausaufgaben gemacht habe, gehe ich Schwimmen oder Fahrradfahren. Manchmal ist mir so langweilig, daß ich zu Hause bleibe und Fernsehen gucke."

Katrin klagt, wie einige andere von euch auch, über das regelmäßige Üben: „Meine Mutter muß mich immer ans Üben erinnern und manchmal möchte ich auch eine Klavierstunde ausfallen lassen, aber dann gehe ich doch immer wieder hin."

Auf Sabines Karte stand: „Ich verbringe meine Freizeit fast nur mit Sport." Sport spielt eine große Rolle in eurer Freizeit. Beliebt sind Leichtathletik (Turnverein) und Schwimmen. Fußball steht bei den Jungen natürlich an erster Stelle, die

Mädchen gehen dagegen gerne reiten und spielen Tennis. Einfach so, nach Lust und Laune, ohne feste Termine, gestalten also die wenigsten ihre Nachmittage in der Woche. Auch wenn die Verpflichtungen fast alle freiwillig sind. Euer Wochenende ist nicht ganz so verplant: „Das verbringe ich zusammen mit meinen Eltern und Geschwistern. Meistens gehen wir zur Oma besuchen, ansonsten kann ich machen was ich will." Ähnlich wie für Thomas ist das

Am nächsten Preisausschreiben nehmen dann sicherlich auch unsere Schweizer „treff"-Leser teil. Und nicht vergessen: schickt uns für Eure Seiten Interviews, Berichte und viele andere interessante Beiträge; wie wär's mal mit einem Beitrag aus der Schweiz?

Wochenende dazu da, auch mal zu tun, wozu man gerade Lust hat. Zum Beispiel mit „meinem Bruder zu spielen und zu streiten", schrieb Matthias. Was ihr alle gerne macht: spielen, basteln, Freunde besuchen und natürlich fernsehen! Und das fiel uns noch auf: Jungen schrieben häufiger als Mädchen, daß sie im Haushalt helfen müßten. Mit Nachhilfestunden müssen sich sehr viele am Nachmittag herumquälen. Und Fernsehen ist vor allem auch ein Mittel gegen Langeweile. Was man dagegen machen könnte? Hier einige besondere Hobbys unserer Preisausschreibenteilnehmer als Anregung: Schülerzeitung, Straßenfest organisieren, Schach, Pfadfinder, Theaterspielen, Fotografieren, Altenhilfe, Naturschutz, Fechten, Astronomie, Rollschuhclub, Fossilien sammeln . . .

R¹ **10** Of the three prize-winners which one has most free-time activities? Which one has fewest – and why?

R² **11** The survey itself produced some interesting results.

– How do the young people organise their free time at the weekend?

– How important is music to them?

– What is the most common activity on weekday afternoons?

– What is the point of the list of activities at the end of the article?

Schon mit zwölf nahm sie ihre erste Platte auf

Live-Auftritte machen Sandra am meisten Spaß

Sandras Weg nach oben

Zielbewußt baute Sandra ihre Karriere auf

Der Song „Everlasting Love" begleitet Sandra seit vielen Jahren, denn er war schon ihr absolutes Lieblingslied, als sie noch heimlich vor dem Spiegel die Hits aus dem Radio nachsang
● Schon in der Realschule in Saarbrücken kündigte Sandra ihren Lehrern selbstsicher an, daß sie mal Musik machen werde
● Mit zehn begann Sandra beim Musiklehrer, der in ihrer Straße wohnte, Gitarren-Unterricht zu nehmen. Zehn Jahre lang hatte sie zusätzlich zweimal die Woche drei Stunden klassischen Ballett-Unterricht
● Mit einer Olivia-Newton-John-Single unter dem Arm marschierte Sandra mit zwölf zu einem Kinder-Talent-Wettbewerb auf einer „Tanz in den Mai"-Veranstaltung und sang das Lied ohne Lampenfieber nach
● Ein Produzent hörte sie und nahm mit ihr die erste Single „Andy, mein Freund" auf
● Nach dem Realschulabschluß stieg Sandra beim Mädchen-Trio Arabesque ein und wurde in Japan bereits ein Star
● Im Frankfurter Europa-Sound-Studio lernte Sandra 1983 ihren späteren Freund Michael Cretu kennen. Arabesque standen damals kurz vor der Auflösung
● Michael nahm Sandra unter seine Fittiche und verhalf ihr mit dem Song „Maria Magdalena" zum großen Solo-Durchbruch

Sandra macht auch Mode

● Hit auf Hit folgte, und Sandra sorgte auch durch ihr ausgefallenes Styling, durch Modeschmuck, Frisuren, Bühnenkostüme für neue Trends
● Nach Europa eroberte Sandra 1986 den Rest der Welt, legte in fünf Wochen über 73 000 Flugkilometer zurück, von Südamerika bis Fernost, und belegte beim Tokio Songfestival mit „In the Heat of the Night" den zweiten Platz
● 1987 schließt sich Sandras Erfolgskreis: Sie nimmt ihr ehemaliges Lieblingslied „Everlasting Love" auf und landet einen Riesenhit

Sandra und Michael Cretu

Sandra heißt mit Nachnamen Lauer. Sie wurde am 18. 5. 62 in Saarbrücken geboren, ist 1,69 m groß, hat braune Augen, braune Haare. Autogrammadresse: c/o Virgin, Herzogstraße 64, 8000 München 40

Foto: Gabowicz, F. L. Lange, Virgin

---

12 Your friend's sister is very keen on the German pop star Sandra. You know nothing about her so you are given this article to read! List the various events in Sandra's career so far.

R²

13 You find this quiz in a magazine.
What do the pictures show?
The answers (not in the right order of course) are underneath.

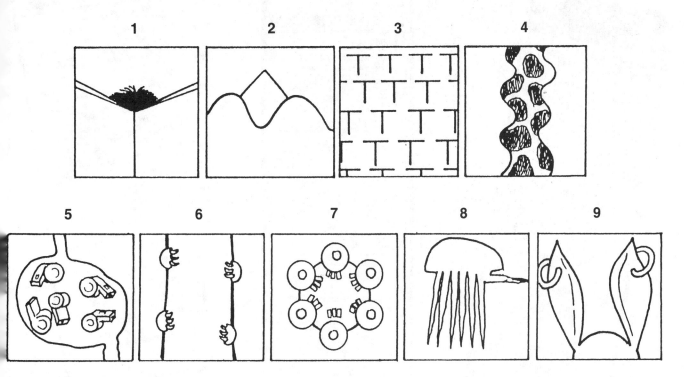

- Eine Teeplantage

- Der Magen eines Schiedsrichters[1]

- Ein Bär, der an einem Baum hochklettert

    [1] referee

- Eine Giraffe mit Schluckauf[2]

- Eine Qualle[3], die rechts abbiegen will

- Ein Häschen, das Ohrringe trägt

    [2] hiccups

- Ein Kamel, das an einer Pyramide vorbeigeht

- Ein Mensch beim Zeitunglesen

- Sechs Mexikaner beim Kartenspielen

    [3] jellyfish

W²

14 The magazine invites readers' suggestions for a further five pictures.
What are these? Any ideas?
Write your explanations in German and send a letter to the magazine.

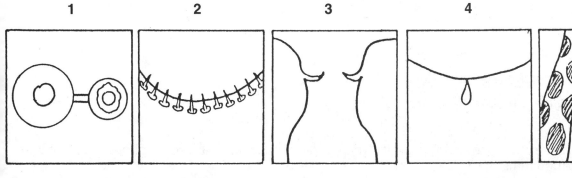

Das erste Bild zeigt entweder .... oder ....

R¹ **15** You are looking forward to an evening's television. What is on?

1.

20.00 ☑ **Tagesschau**
20.15 Hellingers Gesetz
(Hellinger's law)
★ Amerikanischer Spielfilm von 1980
Nicolas P. Hellinger . . . Telly Savalas
(bekannt als „Kojak"; deutscher
Sprecher: Edgar Ott)
Cara Braden . . . . . Lisa Blake Richards
. . . . (Monika Bielenstein)
Lon Braden . . . . James Sutorius
. . . . (Frank Glaubrecht)
Tolliver . . . . Rod Taylor
. . . . (Günther Sauer)
Ann Gronouski . . . . . Melinda Dillon
. . . . (Hallgard Bruckhaus)
Julie Braden . . . . Kyle Richards
|92 Min| Regie: Leo Penn
(Deutsche Erstaufführung)
„Durchschnittlich", urteilte TV-Mov-
ies über den fürs US-Fernsehen ge-
drehten Spielfilm.

21.50 Plusminus (WDR)
Moderation: Jochen Bäumel
Wird morgen um 12.15 Uhr wiederholt

22.30 Tagesthemen
Mit Bericht aus Bonn
Leitung: Ernst Dieter Lueg

23.00 Sportschau
Heute u. a.: Weltcup-Finale der
Springreiter und Fußball-Bundesliga.
Es spielten Fortuna Düsseldorf –
Hamburg; Kaiserslautern – Stuttgart;
VfL Bochum – Hannover 96.

23.25 ☐ **Onkel Harrys
seltsame Affäre**
(The strange affair of uncle Harry)
Amerikanischer Spielfilm von 1945
Harry Quincey . . G. Sanders († 1972)
Lettie Quincey . Geraldine Fitzgerald
Deborah Brown . . . . . Ella Raines
Nona . . . . . . Sara Allgood († 1950)
Hester . . . . Moyna MacGill
Dr. Adams . . Samuel S. Hinds († 1948)
|77 Min| Regie: Robert Siodmak († 1973)
ARD-Erstsdg.: 11. 7. 83 – Sehbetlg.: 10%
TV-Movies gibt 3 Sterne, sehr gut:
„Fesselndes Psychodrama mit einem
etwas unglaubwürdigen Schluß, der
seinerzeit von der amerikanischen
Zensur gefordert wurde."

0.45 Tagesschau
0.50 Nachtgedanken
Späte Einsichten mit Hans Joachim
Kulenkampff (–0.55 Uhr)

2. PROGRAMM

19.00 Heute
19.30 Auslandsjournal
Geplante Beiträge: 1. Spanien – Frie-
den für die Basken; 2. Bulgarien – Die
Juden; 3. Israel – Wie die Juden den
Sabbat verbringen; 4. Kenia: Die
Dhan. – Moderation: Rudolf Radke

**20.15 Aktenzeichen: XY
. . . ungelöst**
Eduard Zimmermann berichtet über
ungeklärte Kriminalfälle
1. Ein Mordfall (siehe Bildteil); 2. Ein
Überfall: Am hellichten Tag wird eine
Frau in einem Zugabteil brutal zusam-
mengeschlagen und lebensgefährlich
verletzt; 3. Dreister Villeneinbruch. 4.
Verbrechen an einer Schülerin: Eine
Anhalterin steigt in das Fahrzeug ei-
nes Sexualtäters.
Assistenten: Irene Campregher, Pe-
ter Nidetzky (Wien), Konrad Toens
(Zürich) – Regie: Kurt Grimm
Die Telefonnummern (nur bis 24.00
Uhr) in München:
(089) 95 01 95
In Österreich: **Wien 82 36 21**
In der Schweiz: **Zürich 24 14 7 47**

21.15 Showfenster
Moderation: Sabine Sauer

21.45 Heute-Journal

22.05 Aspekte
Vorgesehen sind u. a.: ein Porträt
des Gründers des **Malik-Verlags, Wie-
land Herzfelde,** und ein Bericht über
Margarete von Trottas neuen Film
„Die Leiden der Rosa L."
Moderation: Dieter Schwarzenau

22.45 Aktenzeichen: XY . . .
Zuschauerreaktionen

22.50 Die Profis
Heute: **Gegen die Zeit**
George Cowley . . Gordon Jackson
Doyle . . . . Martin Shaw
Bodie . . . . Lewis Collins
Nesbitt . . . . Keith Barron
Susan Fenton. . . . . . Di Trevis
u. a. – Regie: Douglas Camfield
ZDF-Erstsdg.: 26. 5. 82 – Sehbetlg.: 17%

23.40 Untersuchungshaft
(Detenuto in attesa di giudizio)
Italienischer Spielfilm von 1971
Giuseppe. . . . . . . Alberto Sordi
(dt. Sprecher: Klaus Guth)
Ingrid. . . . . Elga Andersen
(Elisabeth Woska)
|96 Min| u. a. – Regie: Nanni Loy

3. Südwest

19.00 Regionalprogramme
19.26 Sandmännchen
19.30 Formel Eins
Die ARD-Hitparade mit Stefanie Tük-
king. Heute u. a. mit einem Video
von Animotion („I engineer").

20.15 Die Erde lebt (8)
12tlg. Reihe von David Attenborough
Heute: **In Flüssen und Seen**

**Amazonasbecken (Peru): Lebens-
raum einzigartiger Tierwelt**
Flüsse und Binnenseen bieten außer-
ordentlich günstige Lebensbedingun-
gen für Tiere. Im Amazonas etwa leben mehr Fische als im ganzen Atlan-
tischen Ozean. Was wird aus den
Nilpferden, Krokodilen und Wasser-
schlangen, wenn die Süßwasservorrä-
te auf der Erde zur Neige gehen?
Nächster Teil am 18. April

21.00 Touristik-Tip
Heute: 1. Halbpension ist oft zu teu-
er; 2. Pkw-Urlaub. Hotelbuchungen
bei Reiseveranstaltern möglich; 3.
Touristik-Nachrichten.

21.15 Biotechnologie (13)
Siehe ZDF, Samstag, 5. 4., 11.30 Uhr

21.45 Wortwechsel
Heute: Christa Schulze-Rohr im Ge-
spräch mit dem Leiter des Suhrkamp-
Verlags, Siegfried Unseld (62).

**22.30 Geschichten
von nebenan (5)**
5tlg. TV-Serie von Eberhard Pieper
Heute: **Manni gegen Manne**
Manni . . . . Karl-Heinz von Liebezeit
Manne . . . . Gerhard Olschewski
Uschi . . . . Christa Berndl
Frauke . . . . Beate Finkh
Alex. . . . . Wolfgang Wahl
u. a. – Regie: Eberhard Pieper
Erstsendung am 29. 12. 1983 im Regional-
programm von SDR/SWF/SR.
Manni baut mit drei jungen Leuten,
arbeitslos wie er, und drei Pennern
ein Zelt für eine Wahlveranstaltung
auf. Zwischen den beiden Gruppen
kommt es zu Reibereien.
23.30 Nachrichten

Are there any programmes about the following? If so, on which channel?

a) Sport

b) Pop music

c) Wildlife

Which channel for:

d) An English adventure series?

e) A programme about holidays?

f) Reports from abroad?

g) What time is the news?

h) "Aktenzeichen: XY . . . ungelöst" – This programme invites viewers to phone in. What sort of programme is it?

i) "Sportschau" – What *exactly* is on?

j) "Hellingers Gesetz" – Why are there *two* names for every role?

16 Your friend's parents are discussing what they would like to see:

    1) What do they decide to watch?

    2) Why might they change their mind?

    3) Are they keen to see a particular programme? What is their attitude in general?

17 Can you answer their questions? (Practise with your partner.)

18 Listen to these three people talking about various events they've been to recently. Make notes under these headings:

Event	Opinions	Further details

19 Listen to the following radio report on an important sports event.

    1) Where did the championships take place?

    2) What kind of sport or game is it about?

    3) Who is Löffler?

    4) Why did Rolf Teichmann win this time?
       What does he think?   /   What reasons does he give?

    5) Why did he come second in Munich? Mention two reasons.

    6) What does Rolf Teichmann think about his future involvement in this sport?

    7) What career is he training for?

    8) How does he make some extra money?

PLATTENTIPS

**TURN BACK
THE CLOCK
Johnny Hates
Jazz**
Virgin 208 676-8

		glatte Null
		nicht so stark
		kann man hören
		gut
		sehr gut
		einsame Spitze

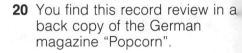
R²

Nach den Hits „Shattered Dreams" und „I don't want to be a Hero" wartete die Popwelt monatelang gespannt auf das Erstlingswerk von Johnny Hates Jazz. Jetzt ist die LP „Turn back the Clock" erschienen und übertrifft prompt alle Erwartungen. In England schoß der Longplayer bereits kurz nach der Veröffentlichung auf Platz eins der LP-Charts. Das Rezept des britischen Trios ist ebenso simpel wie genial: Romantik-Pop mit sanften Melodien und unaufdringlichen Klang-Arrangements. Ein flauschiger Sound zum Tanzen und Träumen. Die Soft-Ballade „Different Seasons" schmeichelt sich mit weichen Keyboard-Linien und einem wiegenden Rhythmus auf Anhieb ins Ohr. Mehr Tempo macht das funkige „Heart of Gold": abrupte Baßläufe und gutdosierte Blechbläser verbreiten totales Tanz-Feeling. Sehr locker und relaxed eingespielt die Nummer „Don't let it end this Way", ein melancholisches Stück im besten Reggae-Rhythmus. Ein Song, bei dem man sich entspannt zurücklehnt und von Sonne, Sand und Longdrinks träumt. Ein echter Urlaubs-Hit! Dank Clark Datchlers sympathischer, weicher Stimme verbreiten die Songs eine ungeheuer sanfte, entspannte Atmosphäre. Ein traumhaftes Debüt für Johnny Hates Jazz!
Norbert Lalla

R² **20** You find this record review in a back copy of the German magazine "Popcorn".

a) How does the rating system work in this magazine?

b) According to the reviewer how successful was this record in England?

c) What descriptions does he give of the music in general?

d) What does he say about "Don't let it end this way"?

e) Did he like the album?

L²
21 You overhear the following conversation betwen Thomas and Stefan. They are listening to a programme on the radio.

1) What is the programme about?

2) Why should Stefan's music teacher listen to it?

3) What does Thomas think about pop music?

4) What does Stefan say about the members of his band?

5) What kind of music do they play?

6) Where are they going to give a concert soon?

7) How do they travel around?

S² **22** How do you feel about music?

| .... finde .... am liebsten .... klingt .... nicht mein Geschmack |
| .... im Fernsehen .... oft / selten ins Konzert .... |

Places of Entertainment

23 The person in front of you at the cinema box-office is asking various questions. What is he told?

1) Which cinema is showing the film he wants to see?

2) When does the next performance begin?

3) When does it finish?

4) Where are there seats available?

5) How much does he pay altogether?

24 Find out the following information from the cinema box-office:

a) The time of the next showing of "Kampf der Titanen".

b) Whether there are any seats left.

c) Prices of seats in the stalls and in the circle.

d) When the film finishes.

.... *die nächste Vorstellung* .... *Plätze frei* .... *Parkett* .... *Balkon*

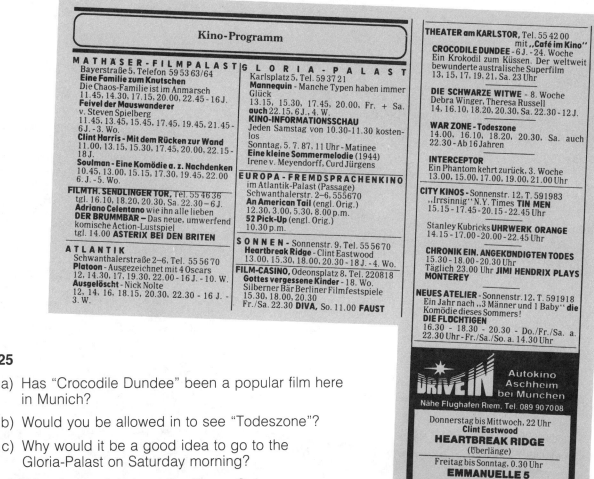

25

a) Has "Crocodile Dundee" been a popular film here in Munich?

b) Would you be allowed in to see "Todeszone"?

c) Why would it be a good idea to go to the Gloria-Palast on Saturday morning?

d) What is special about the Europa?

e) Which cinema is *really* different?

L¹R¹

26 You are queueing up to buy tickets for the indoor swimming pool:

1) Why do these people in front of you leave without buying a ticket?

2) What are they going to do?

ÖFFNUNGSZEITEN

HALLENBAD:	WÄHREND DER SCHULZEIT	
	MONTAG BIS FREITAG	12.00 – 13.30 UND 16.00 – 21.00 UHR
	MITTWOCH	12.00 – 21.00 UHR
	SAMSTAG/SONNTAG	09.00 – 19.00 UHR
	WÄHREND DER SCHULFERIEN	
	TÄGLICH	09.00 – 21.00 UHR
	SAMSTAG/SONNTAG	09.00 – 19.00 UHR
FREIBAD:	MITTE MAI BIS MITTE SEPTEMBER TÄGLICH	09.00 – 19.00 UHR

R¹

27

a) How much would you save if you bought a book of ten tickets for the pool?

b) What must everybody have?

c) What happens if you lose the key to your locker?

PREISTAFEL:

ERWACHSENE U. JUGENDLICHE AB 15 JAHRE		3.00
KINDER U. JUGENDLICHE BIS 15 JAHRE		1.50
ZEHNERKARTE	ERW.	24.00
	KD.	12.00
30/er KARTE	ERW.	60.00
	KD.	30.00
Zuschlag für Einzelkabine		1.00
Schwimmunterricht	ERW.	30.00
	KD.	15.00
für verlorengegangene Schlüssel		10.00

Kassenschluß: 1 Stunde vor Ende der Badezeit.

Kinder ohne Begleitung Erwachsener 18 Uhr.

Badehauben Pflicht! (An der Kasse 1.–)

08308
Stadtbad
Charlottenburg
Krumme Str. 8 -10

SCHWIMMBAD
Einzelkarte für
Kinder, Schüler usw.
Einzelpreis

DM 1,50

Nur am Lösungstag gültig
Benutzung gemäß Haus-
und Badeordnung

BIREKA, 1 Berlin 15

ABRISS

08308

08307
Stadtbad
Charlottenburg
Krumme Str. 8 -10

SCHWIMMBAD
Einzelkarte für
Kinder, Schüler usw.
Einzelpreis

DM 1,50

Nur am Lösungstag gültig
Benutzung gemäß Haus-
und Badeordnung

BIREKA, 1 Berlin 15

ABRISS

08307

18585
Stadtbad
Charlottenburg
Krumme Str. 8 -10

SCHWIMMBAD
ERWACHSENE

DM 3,—

Nur am Lösungstag gültig
Benutzung gemäß Haus-
und Badeordnung

BIREKA, 1 Berlin 15

ABRISS

18585

18584
Stadtbad
Charlottenburg
Krumme Str. 8 -10

SCHWIMMBAD
ERWACHSENE

DM 3,—

Nur am Lösungstag gültig
Benutzung gemäß Haus-
und Badeordnung

BIREKA, 1 Berlin 15

ABRISS

18584

28 You go to buy tickets for a concert. Practise this dialogue with your partner:

Bitte sehr?

(Price of tickets?)

10DM, 13,50DM, 15,50DM und 20DM. Aber die zu 13,50DM sind ausverkauft.

(2 × 10DM)

So, bitte schön. 20DM.

(Where are the 10DM seats?)

Im Balkon, ganz hinten.

(OK. Starting time?)

Um 19 Uhr.

(Thank you. Goodbye.)

29 You have been given this leaflet which advertises the Eislauf-Center at a town called Neuwied near where you are staying in the Rhineland.

a) What is the Eislauf-Center?

b) Where exactly is it?

c) How much will it cost you to get in?

d) What does it cost for a school group?

e) What would you need to hire and how much would that cost?

PREISE

Eintritt:	DM
Jugendliche bis 18 Jahre (ab 19.00 DM 6,—)	4,-
Erwachsene	6,-
5er-Karte Jugendliche	18,-
5er-Karte Erwachsene	26,-
Schlittschuhverleih pro Paar und Laufzeit	5,-
Schlittschuhschleifen	5,-
Schulklassen in Begleitung des Klassenleiters*:	
Eintritt pro Person	2,-
Verleih pro Paar u. Laufzeit	2,-

Nach Beendigung der Laufzeit muß das Eislaufcenter verlassen werden.

* Während der Laufzeiten 9-12

Europas größtes
Freizeit- und
Abenteuer-Paradies

D

GB

Phantasialand

FREIZEIT

Freizeit- und Erlebnisparks in NRW
zählen zu den besten Europas

Doppelt so viele Besucher wie die Bundesliga

Freizeitparks liegen voll im Trend. Der vergangene Regensommer brachte keine Einbußen, und für diese Saison sind in NRW bereits Rekordzahlen im Gespräch.

Der Hit des Jahres 1988 im Hollywood-Park Stukenbrock ist das marokkanische Affenfreigehege mit 120 Pavianen. Der „Marrakesch-Express" führt die Besucher sicher hindurch. (Safariund Hollywood-Park Stukenbrock, 4815 Schloß Holte-Stukenbrock, Tel. 0 52 07/8 86 96)

Bundesweit gesehen gehen jährlich mehr als doppelt soviel Menschen in die Freizeitparks als zu allen Spielen der Bundesliga. Und das, obwohl die Deutschen im Vergleich zu unseren europäischen Nachbarn wahre Park-Muffel sind. 85 Prozent der Bevölkerung nämlich suchen nie einen Freizeitpark auf, wohl weil weite Kreise sie immer noch mit Märchenparks für Kinder identifizieren.

Kinder bis 14 Jahre stellen mit 33,8 Prozent zwar immer noch den Löwenanteil in der Altersstruktur der Parkbesucher. Danach folgen aber schon die Erwachsenen zwischen 30 und 39. Und zwei Drittel aller Besucher sind „Wiederholungstäter".

Der durchschnittliche Eintrittspreis beträgt in der diesjährigen Saison 10,15 DM für Erwachsene und 8,43 DM für Kinder. Durch das Pauschalpreissystem läßt sich ein Tag in einem Freizeitpark für die ganze Familie relativ preiswert gestalten, zumal überall Mitgebrachtes verzehrt werden kann.

Der besucherstärkste Park in Mitteleuropa ist übrigens der holländische „De Efteling" mit 2,6 Millionen pro Jahr. In Deutschland ist es das Brühler „Phantasialand" mit 1,9 Millionen. **eb**

Im Höhenkarussell „Condor" sieht man das Phantasialand aus der Vogelperspektive. Die neueste Attraktion aber ist das „Space Center", die größte Indoor-Achterbahn der Welt. (Phantasialand, 5040 Brühl, Tel. 0 22 32/3 60)

Neu im Panorama-Park Sauerland ist der Panorama-Express, der bis zu 90 Personen zu den schönsten Punkten des Parks fährt. (Panorama-Park Sauerland, 5942 Kirchhundem-Oberhundem, Tel. 0 27 23/76 48)

R^2

30 Theme parks are very popular in Germany and especially in Nordrhein – Westfalen (NRW):

a) What surprising statistic is contained in the headline?

b) What is special about Phantasialand?

c) What proportion of the visitors are children?

d) What proportion of visitors are making return visits?

e) What are the average prices?

f) Which park has the most visitors in a year?

Fotos: Freizeitparks

Topic 6 · Travel

L¹

1 Listen to these four people describing their journey to work or school and note the following information:

Means of transport	Total distance	Total time

S¹

2 Your penfriend's parents ask you about your journey to school. What do you tell them?

Ich bin .... *Minuten unterwegs* .... *zu Fuß*
Ich fahre .... *mit dem Rad* .... *mit dem Bus*
.... *mit der Bahn* .... *bringt mich im Auto* ....
Wir wohnen .... *von der Schule entfernt.*

L¹

3 Listen to these two people asking for directions and note down the information given:

	Where to?	Transport?	Directions?
1)			
2)			

S¹

4 You have arrived at Marienplatz in Munich in front of the town hall.
Ask the way to: the Hofbräuhaus; the Nationaltheater; the Frauenkirche. (Practise with your partner.)

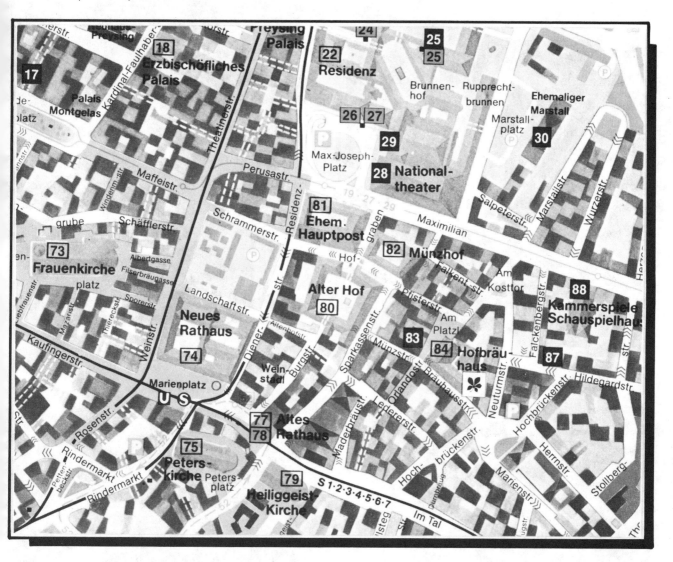

S²

5 Outside the Hofbräuhaus some people ask you the way to various places. Try to give them directions.

Entschuldigung, wo ist das Nationaltheater?
Bitte, wie kommen wir am besten zur Frauenkirche?
Entschuldigen Sie bitte, wo geht's hier zum Marienplatz?

> *am   /   an der .... vorbei   Sie nehmen ....*
> *Sie gehen hier .... auf der rechten   /   linken Seite*
> *   Da gehen Sie durch bis zur .... straße*
> *die erste   /   zweite Querstraße   die .... straße runter   /   entlang*
> *Sie biegen rechts   /   links in die .... straße ein*
> *   Sie finden .... auf der rechten Seite*

W¹

6 Your friend from Berlin is visiting Munich for the first time. Write him a postcard suggesting you meet on Friday at 4 p.m. in the Cafe Krone opposite the Hofbräuhaus. Give him directions from the underground station at Marienplatz.

R¹ **7** Walking around town you see
various signs and notices.
What do they say?

A notice in a car window

On a rubbish bin

New paving-stones are being
laid

A notice pinned outside the
town hall

Zur Fähre

Sessellift

Ihren Haustür-
oder Autoschlüssel
sofort zum Mitnehmen

DM 6,-
doppelseitig DM 7,50

Rathausplatz

Zur Haltestelle
der Straßenbahn
Linien 1 u. 2

BILFINGER + BERGER
BAUAKTIENGESELLSCHAFT

8 As you are waiting to buy your ticket at Bonn railway station you overhear these conversations:

A 1) What sort of ticket does this man buy?
   2) How much does he pay?
   3) When does his train leave?

B 1) What sort of tickets does this girl buy?
   2) How much does she pay?
   3) When does her train leave?
   4) Where can she find out the platform number?

9 You go to buy tickets at the railway station. Practise these dialogues with your partner:

Bitte schön?	Bitte sehr?
(Single to Hof)	*(3 returns to Celle)*
. . . . . 69 Mark	So 117Mark
(Time of next train?)	*(Time of next express?)*
Um 15.45	Um 9.20
(Platform?)	*(Platform?)*
Gleis 1	*Gleis 4*
(Thanks)	*(Thanks)*

10 You are queuing up to buy a ticket for the boat in Bonn and you hear this conversation.

1) How often does the boat go to Godesberg?

2) When does the next one leave?

3) How long does the round trip last?

4) How much does this passenger pay?

11 Now practise this dialogue with your partner:

Bitte schön?	*(How often to Düsseldorf?)*
Alle 1½ Stunden	*(Next boat?)*
Um 15.10	*(How long round trip?)*
2½ Stunden	*(2 returns)*
48DM	

12 In the information office at Celle railway station you overhear this conversation:

1) When does this man want to travel?
2) Which trains is he given information about?
3) What is different about the second one?
4) Which train does he decide on?

13 In the information office at Osnabrück bus station you hear this conversation.

1) When does this person want to travel?
2) Which two buses is she offered at first?
3) Which one does she finally decide on?
4) When will she arrive?

14 On a train in Germany you hear this conversation between another passenger and the ticket inspector.

1) What is the problem?
2) What does the passenger say in his defence?
3) What happens in the end?

15 Now practise these dialogues with your partner:

A At the railway station

Bitte schön?	*(Information on trains to Würzburg)*
Wann wollen Sie fahren?	*(Have to be there by 11.00 on Monday)*
Um 9.45 geht ein Zug.	
Dann sind Sie um 11.15 da.	*(No – too late)*
Um 7.30 dann.	
Der ist um 9.00 da.	*(No other possibility?)*
Moment . . . ja, Sie können um 8.15 fahren und in Hanau umsteigen. Dann sind Sie um 10.15 da.	*(Waiting time in Hanau?)*
Eine halbe Stunde.	*(OK. Thanks)*

B At the bus station

Bitte sehr?	*(Information on buses to Bremen)*
Wann wollen Sie fahren?	*(Next Wednesday evening)*
Der letzte Bus fährt schon um 16.00	*(Arrives when?)*
Um 17.30	*(First bus on Thursday morning?)*
Um 6.00 geht einer.	
Der ist um 7.30 da.	*(Better . . . . . . thanks)*

16 At a German railway station

At various times you hear the following loudspeaker announcements. What should you do?

1) You are waiting for your friend from Munich. The train has not arrived on time. How much longer will you have to wait?

2) You are on platform 6 waiting for the train to Heidelberg. Which part of this announcement concerns you?

3) Your train to Cologne has arrived. What should you *not* do?

4) You are due to meet your friend who should be arriving from Hamburg shortly. What does this announcement tell you?

R[1]

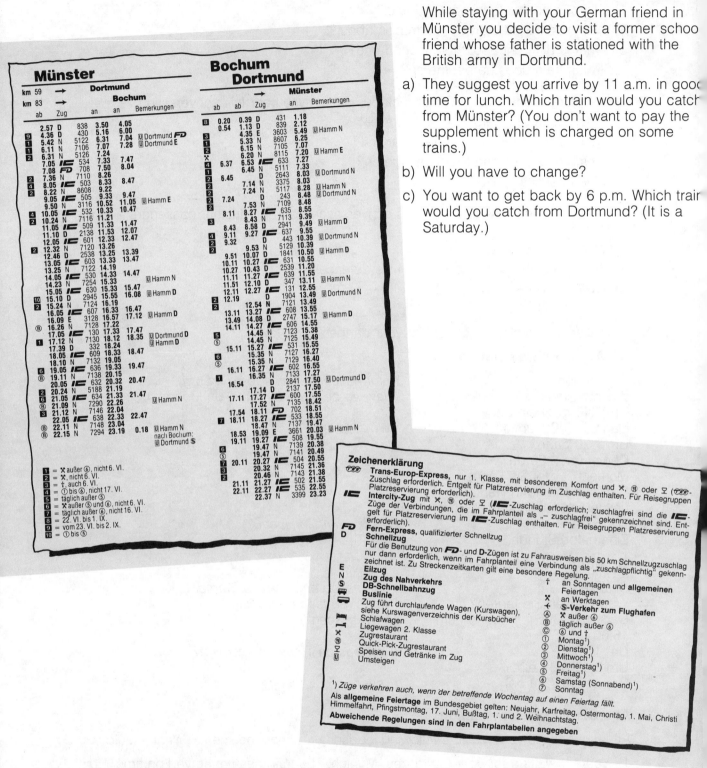

17 Reading a timetable

While staying with your German friend in Münster you decide to visit a former school friend whose father is stationed with the British army in Dortmund.

a) They suggest you arrive by 11 a.m. in good time for lunch. Which train would you catch from Münster? (You don't want to pay the supplement which is charged on some trains.)

b) Will you have to change?

c) You want to get back by 6 p.m. Which train would you catch from Dortmund? (It is a Saturday.)

S[2]

18 Asking for information (Work with a partner)

Explain that you want to travel to Bochum and must be there by 5.30 p.m. at the latest. Check whether you have to change and whether you have to pay a supplement. Find out also about the last train back to Münster.

Your partner will give you information from the timetable above and explain any problems.

Decide which trains you will take.

R² **19** You are in Hamburg on a weekend trip.
You see a free brochure called "Hamburgtips" which contains information about the public transport system.

a) What are the advantages of the "Tageskarte"?

b) What is the 9-Uhr-Stadtkarte?

c) What is the difference between the two types of family ticket?

d) What information is available from the telephone number given?

Schnell und bequem durch Hamburg – mit dem HVV

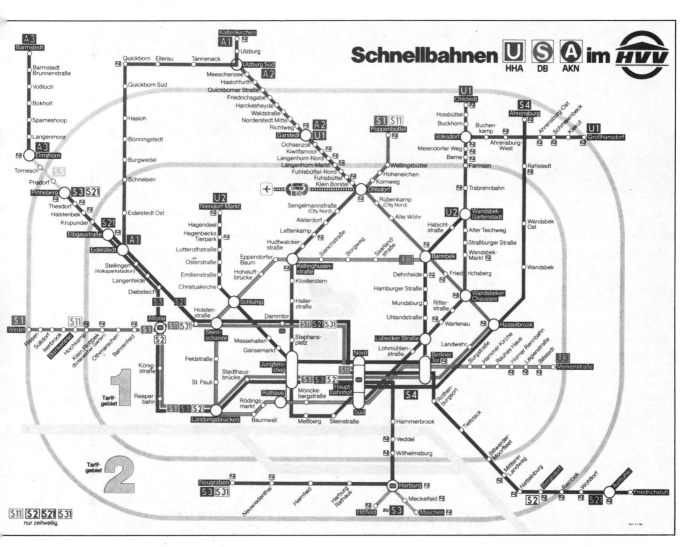

Entdecken Sie Hamburg mit Bahnen, Bussen und Schiffen des Hamburger Verkehrsverbundes (HVV). Fahrkarten erhalten Sie am Automaten oder beim Busfahrer. Machen Sie eine Tagestour mit uns. Dafür eignet sich am besten die **Tageskarte**. Sie gilt für beliebig viele Fahrten. Besonders günstig: Ihre Kinder unter 12 Jahren fahren kostenlos mit.

9-Uhr-Stadtkarte:
gültig ab 9.00 Uhr (samstags, sonntags und feiertags ganztägig) bis in die späte Nacht in ganz Hamburg (Tarifgebiet 1 + 2).

24-Stunden-Karte:
gültig 24 Stunden ab Kauf im gesamten HVV-Netz.

Familienkarten:
gültig montags bis freitags ab 9.00 Uhr, samstags, sonntags und feiertags ganztägig, für bis zu 4 Erwachsene und 3 Kinder.
Es gibt sie als:
Stadt-Familienkarte (Tarifgebiet 1 + 2)
Netz-Familienkarte (Gesamtnetz)

Möchten Sie für mehrere Tage im voraus buchen, so bietet sich die **Touristenkarte** an: Diese bekommen Sie unter anderem bei der Tourist Information im Hauptbahnhof.

Telefonische Auskünfte über Tarife, Fahrpläne oder Sonderangebote erhalten Sie unter 040/32 29 11 (täglich von 7–20 Uhr).

Cycling through the Black Forest

In beliebten Ausflugsgebieten

warten bei 23 Bahnhöfen Damen-, Herren- und Kinderfahrräder auf Sie:

Altglashütten-Falkau	Gottmadingen	Säckingen
Bad Krozingen	Gundelsheim (Neckar)	Schluchsee
Bad Rappenau	Heidelberg Hbf	Schönmünzach
Bleibach	Hinterzarten	St. Georgen (Schwarzw)
Eberbach	Kirchzarten	Waldkirch
Elzach	Löffingen	Walldürn
Engen	Ludwigshafen (Bodensee)	Wiesloch-Walldorf
Gengenbach	Mosbach (Baden)	

Jetzt ist es möglich, mit der ganzen Familie abseits der Autostraßen durch die Gegend zu radeln. Mit Fahrrädern in einwandfreiem Zustand (zu Beginn der Saison sogar fabrikneu).

Sie benötigen zum Ausleihen keine Fahrkarte.

Mietkosten:

Bis zu 6 Stunden	2,50 DM
Bis zu 24 Stunden	4,— DM
für mindestens 2 Tage und mehr	3,— DM je Tag

Eine Sicherheit brauchen Sie nicht zu hinterlegen. Bringen Sie aber bitte Ihren Personalausweis mit. Das Mietfahrrad können Sie auch auf jedem Bahnhof im näheren oder weiteren Umkreis zurückgeben. Ohne Mehrkosten.

Jeder Mieter erhält bei den genannten Bahnhöfen einen Prospekt mit Karte und Tourenvorschlägen.

Wir wünschen Ihnen viel Freude beim Radwandern

Ihre
Bundesbahndirektion Karlsruhe

R^2 **20** Read this text from a German brochure on renting bicycles at certain railway stations and note the following information:

a) Why have these particular stations been chosen for hiring out bicycles?

b) How much does it cost to rent a bicycle?

c) What documents do you need?

d) Where can you leave your bicycle when you have finished with it?

e) What does everyone get apart from the bicycle?

Travelling by car

21 While travelling by car in Germany you ask the way to various places:

1) Where do you turn right?

2) Where do you turn left?

3) How will you find the motorway?

On arriving in a town you ask about petrol and parking:

4) What does this passer-by tell you?

5) What sort of car-park does the person suggest?

6) That one was full. Where is the nearest alternative?

7) Can you park at the castle?

S[1] **22** Ask the way to the following:

a) The motorway to Cologne.

b) The car-ferry in Bingen.

c) The nearest petrol station.

d) The nearest car-park.

e) Ask where you can obtain a car-parking disc.

> *Wo geht's* ....?
> *Gibt es* ....
> .... *in der Nähe* ....
> .... *der/die nächste* ....
> *eine Parkscheibe*

L[1] **23** While waiting your turn at various filling stations you overhear other drivers talking to the attendants:

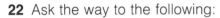

1) Does this car need oil?
    How much petrol does the driver buy?

2) Why doesn't the attendant fill up this car?
    What must the driver do?

3) Where is the air-line?
    Why does this driver have to go to the cash-desk?

4) Where is the air-line in this filling-station?

S[1] **24** You drive into a filling station in Germany:

a) Ask the attendant to fill up with 4-star

b) Ask him to check the oil for you

c) Ask where you can check the tyre pressures

> *Könnten Sie*
> *bitte* .... ?
> *Prüfen Sie* ....

Signs and Notices

R[1] **25** While driving through Germany with your family you are constantly asked to explain the various roadsigns. What are these?

R[1] **26 Advertisements**

What is being advertised here?

Describing an accident

Your German friend Dieter and you witness an accident involving a car and a cyclist.

27 Dieter makes a sketch of the accident and takes notes of the damage done. Later his parents ask you about the incident. What can you tell them? (Practise with your partner)

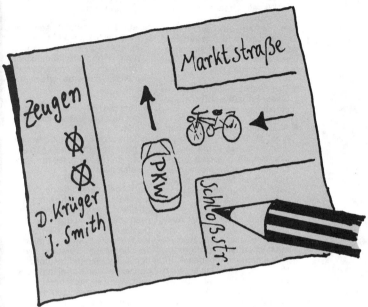

– Was ist passiert?
– Wer war schuld daran?
– Auf welcher Straße ist das Auto gefahren?
– Was ist an der Kreuzung passiert?
– Was habt ihr nach dem Zusammenstoß gemacht?
– Welchen Schaden gab es?
– War der Radfahrer verletzt?

28 The following day a policeman calls and asks you to write an account of what you saw. Use the sketch and the notes to remind yourself of the facts. Write your account carefully – it may be read out in court!

Zeit: 13.30 Uhr
Am Unfall beteiligt:
    Fahrer des PKW
    Radfahrer
Zeugen: D. Krüger
    J. Smith
Verletzte: Radfahrer –
    kleiner Finger links gebrochen
Sachschaden:
    bei *PKW:* Beule am Kotflügel
        vorne rechts.
        Blinklicht kaputt.
Fahrrad: Vorderrad verbogen
        Hose des Radfahrers
        zerrissen.

R²

29 What to do if you have a breakdown or accident on the motorway.

Look at the magazine article:

a) List the five main things you should do.

b) What exactly should be done with the warning triangle?

Bei Unfällen oder Pannen besteht die Möglichkeit über die Notrufsäulen schnelle Hilfe anzufordern.

Absichern – erstes Gebot bei Panne oder Unfall

Das gehört zu den Alpträumen der Kraftfahrer ohne ausreichende Autobahnerfahrung: Der Wagen streikt, und eine Standspur ist nicht in Sicht! Was ist zu tun, wenn der Schnellverkehr weiterrollt und das eigene Auto bei stehengebliebenem Motor rechts ran bugsiert worden ist?

● Das Warnblinklicht muß in dieser Situation sofort eingeschaltet werden.

● Alles aussteigen, wenn mehrere Personen im Wagen sind. Natürlich wird – wie im Stadtverkehr – rechts ausgestiegen. Nach Möglichkeit soll der sichere Raum jenseits der rechten Leitplanke aufgesucht werden.

● Nächste Maßnahme der Absicherung: Aufstellen des Warndreiecks, und zwar in ausreichender Entfernung vom liegengebliebenen Auto. Nach der Straßenverkehrs-Ordnung heißt das: mindestens 100 Meter. Bei Kurven und Hügeln empfiehlt sich die Aufstellung in noch größerer Entfernung, damit der folgende Verkehr rechtzeitig gewarnt ist.

● Ist nach der ersten Absicherung der Wagen nicht von der Fahrbahn zu schieben, sollte man den Kofferraumdeckel öffnen als Zeichen dafür, daß man sachkundige Hilfe benötigt.

● Über die Notrufsäule Hilfe bei der Autobahnmeisterei anfordern. Schwarze Pfeile auf den Begrenzungspfählen zeigen an, wo die nächstgelegene Notrufsäule ist.

Auch bei einer Panne bleibt man auf der Autobahn nicht lange allein. Die gesamte Absicherung des Fahrzeugs, die bei Dunkelheit mit Warnblinkleuchte oder Bewegung mit der Taschenlampe verstärkt werden sollte, macht die Autobahnpolizei auf den Notfall aufmerksam. Wenn sie nicht unmittelbar helfen können, setzen sie ihre Funkverbindung ein.

S²

30 Using the emergency telephone.

You have broken down in the positions indicated on the maps. Report your position via the emergency telephone.

a)

N KÖLN

51 ✕

BONN S

b)

SAARBRÜCKEN

W ← ✕ → O
27   HOMBURG

c)

ULM 239
← ✕
W → O
AUGSBURG

Hallo! Ich stehe bei Kilometer 49 auf der Autobahn in Fahrtrichtung Norden kurz vor Fulda! Können Sie mir bitte jemand schicken?

31 Traffic reports on the radio

1) You are travelling from Karlsruhe to Basel – is there anything on the traffic news which might affect you?

2) You are heading towards Stuttgart on the A81. Are there any problems ahead?

3) Travelling south from Cologne you meet a tailback of traffic. What has caused it and how serious is the problem?

4) You are driving from Karlsruhe to Stuttgart – any problems ahead?

5) Early one morning you set out from Mannheim to Heilbronn. Flashing lights indicate an accident ahead. Is the road blocked?

R[1]

32 This headline catches your eye:

– What extraordinary event is described?
– How many should have been in it?
– Where were they going?
– How had they managed it?

25 Leute in einem Auto

dpa, **Bad Reichenhall**

Zum Entsetzen der Beamten am Grenzübergang Bad Reichenhall-Autobahn entstiegen 14 Erwachsene und elf Kinder einem für neun Personen zugelassenen Pkw-Kombi. Ein 42jähriger jugoslawischer Arbeiter hatte nach Angaben der Grenzpolizei 25 Landsleute in sein Auto geladen, um mit ihnen quer durch Österreich zu einer Hochzeit nach Reutlingen in Baden-Württemberg zu fahren. Die Mitglieder der Hochzeitsgesellschaft hatten auf dem Boden, im Gang und in der Gepäckablage des Wagens noch ein Plätzchen gefunden.

R[1]

33 Something different for car drivers!

– What is advertised here?
– When can you go?
– What special arrangements can be made?
– Where can you make a reservation?

Jetfoil. Das Traumschiff auf Flügeln.

2 Gasturbinen mit einer Power von 3.700 PS. Da vergeht die Zeit wie im Flug. In 100 Minuten sind Sie drüben im Hafen von Dover. Mit Bahn und Jetfoil kommen Sie z.B. von Köln nach London in 7½ Stunden. Machen Sie sich's bequem. In unse-

ren Sesseln. Wählen Sie Ihr Deck: Raucher oder Nichtraucher. Genießen Sie die Überfahrt. Es gibt Snacks und Erfrischungen. Und eine Auswahl von Duty-Free-Artikeln wie z.B. Whisky, Cognac, Zigaretten, Parfüm und vieles mehr. Wenn Sie

alleine reisen, empfehlen wir zu reservieren. Gruppen von sechs und mehr Personen müssen reservieren: Dies können Sie bei allen Fahrkartenausgabestellen der DB, den DER-Reisebüros und allen anderen DB-Verkaufsagenturen. Reise-

koffer in normaler Größe und das Handgepäck werden wie im Flugzeug transportiert, unentgeltlich.
Der Zuschlag für das Jetfoil beträgt z.Zt. DM 23,- pro Person. Reservierung eingeschlossen.

R^2 **34** This brochure is for German tourists thinking of visiting Britain.

- How exactly are you recommended to travel from, say, Cologne to London?
- How long will it take?
- What advantages are mentioned?
- What information is given about ticket reservations and luggage?

Airports

35 Airport announcements

1) You are flying to Bonn. How does this announcement affect you?

2) You are flying to Munich. What does this announcement ask you to do?

Flughafen Berlin-Tegel

Informationssystem

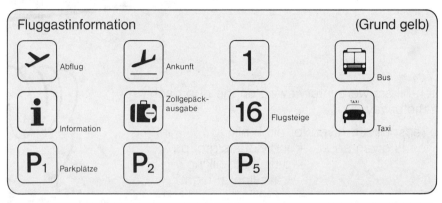

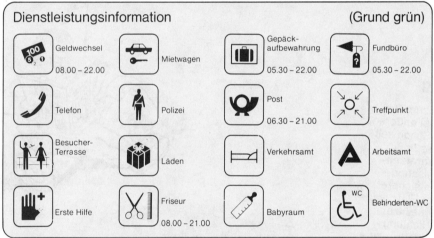

36 You have arrived at Tegel airport and your German friends are not there to meet you as expected. You telephone them to find out what has happened.

1) Why are your friends not there?

2) What suggestions are made?

3) Where and when will you meet them?

37 When you finally arrive at your friends' house they show you this cutting from the newspaper. They say it shows that you need a sense of humour when travelling by air! What does it say?

Durchsage von Kapitän Dieter Kruse auf dem Flug LH 934 von Düsseldorf nach München: „Ich habe eine gute und eine schlechte Nachricht für Sie. Zuerst die schlechte: Wir müssen etwa eine halbe Stunde über München kreisen – der Flughafen muß von Schnee geräumt werden. Und nun die gute Nachricht: Sie brauchen die längere Flugzeit nicht zu bezahlen."

Travel on the cheap!

38 A magazine article contains this advice to hitch-hikers:

– What should you take with you?
– What should you *not* do?

> Trampen ist billig. Darum reisen viele Jungen und Mädchen in den Ferien mit dem Daumen. Außerdem trifft man neue Freunde, wenn man an der Straße steht. Tramper müssen sich gut vorbereiten. Ein Schlafsack, eine Karte und Geld zum Übernachten gehören ins Gepäck. Und noch einige Regeln: Kein Autostop auf Autobahnen, nicht nachts und nicht allein trampen.

39 These hitch-hikers were interviewed on the approach road to a motorway.

What *two* reasons are given for hitch-hiking?
What advice is given about: – individuals/groups?
– girls hitch-hiking?
– travelling at night?
– travelling long distances?

Trampen auf Bestellung

Wer nicht viel Geld zum Reisen hat, der kann bei anderen im Auto mitfahren. Schon seit vielen Jahren gibt es in Frankfurt die „**Mitfahrerzentrale**". Diese Organisation macht das **Trampen** sicherer. Im Büro am Baseler Platz wartet man auf einen Autobesitzer, der in die richtige Richtung fährt. Fahrer und Mitfahrer zeigen ihre Papiere, und die Mitfahrer bezahlen eine kleine Gebühr an die Zentrale. So ist der Autobesitzer **versichert**, wenn ein Unfall passiert. Eine Mitfahrt kostet nicht viel: nach Hamburg etwa 35 Mark, nach München 30 Mark und nach Paris 45 Mark. Am besten das Reiseziel zwei, drei Tage vorher anmelden. Seit Mai 84 gibt es auch eine Mitfahrerzentrale **nur für Frauen** (Neuhofstraße 39).

Hitching a Lift by Telephone!

40 What does the Mitfahrerzentrale do?

– and how might it help young people or students who don't have much money?

41 You are in the Mitfahrerzentrale and overhear this telephone conversation. As you are also going to Munich you note down the information given to the caller.

When?   Type of car?   Cost?   Length of journey?

42 These two students are explaining why they have come to the Mitfahrerzentrale.
How much does the first student save by travelling in this way? Where is the second one going and why did they decide against hitch-hiking in the normal way?

R^2

43 What are the advantages for the car-owner?
What example is given?

The train can be cheap too!

R^2

44 Udo Huber says that many hitch-hikers are now choosing to take the train instead.
Why is this happening?
What memories does he himself have?
What were the main advantages of that type of travel?

Topic 7 · Holidays and Weather

L[1]

1 Listen to these people telling you where they have been on holiday. Note the main points:

Where did they go?   *How long* were they there?   *Who* did they go with?

L[2]

2 What do they tell you about where they stayed, what they did and saw, what the weather was like?

R[1]

3 You have received this letter from your friend who is on holiday.

W[1]

4 Write a postcard in reply telling her what you are doing and what the weather is like here.

a) Where is she?

b) What is she doing?

c) Does she like it?

d) What is the weather like?

Weggis, 7.8.

Liebe Carol,

hier am Vierwaldstätter See gefällt's mir prima!! Herrliche Landschaft, Wasser, Berge und nicht weit nach Luzern. Wir wandern viel, essen gut und lernen Schwyzerdütsch = Schweizerdeutsch. Das ist auch für Deutsche nicht leicht. Leider regnet es bis jetzt viel. Wir warten auf Sonne.

Grüezi,

deine Karin

R[1]

5 You receive a letter from another German friend who appears to be on holiday on the South Coast of England.

a) What is he doing there?

b) How long is he spending there?

c) What does he suggest?

Brighton, 6.7

Hallo David,

da staunst Du! Oder vielleicht nicht? Ich bin nämlich gerade in einem Englischkurs hier in Brighton an Eurer Südküste. Du weißt ja, meine Noten in Englisch waren ziemlich schlecht. Und nun muß ich in den Ferien 4 Woche_ Englisch lernen!! Vielleicht können wir uns mal in London treffen. Du weißt Du? Ruf doch mal doch mal an. Meine Nummer ist 0273 557483.

Tschüs bis bald

Dein Christian.

S[1]

6 When you meet him what questions will you ask him about where he is staying, what he thinks of the food, what he does in his free time etc. etc.?

Wie findest du .... ?	*Wo* .... ?
Was für .... ? *Wie* .... ?	*Was machst du* .... ?

Düsseldorf, 10.10.

Lieber Christopher,

heute will ich Dir endlich von meinen Sommerferien erzählen. Susanne und ich waren drei volle Wochen in Überlingen am Bodensee. Es war herrlich, was die Eltern Gast. Wir hatten auch alles selber organisiert, mit Broschüren und Karten vom Verkehrsamt, und natürlich mit unserer Reisekasse. Die hatten wir uns mit einigen Jobs erst mal verdient.

Gewohnt haben wir meistens auf dem Campingplatz – im Zelt. Wenn's regnete, sind wir aber in die Jugendherberge umgezogen. Da haben wir eine sehr nette Gruppe aus Manchester getroffen. Das war natürlich gut für unser Englisch. Mit zwei Jungen aus der Gruppe sind wir ein paarmal nach Konstanz ins Café. Wir haben zusammen Minigolf gespielt und viel gebadet. Mit Fahrrädern, die wir leihen konnten, sind wir um den halben See geradelt! Und ein Sommer-nachtsfest gab's auch.

Alles in allem ist der Bodensee ein schöner Ferienort mit vielen Möglichkeiten: man kann Wassersport treiben, wandern, sich vieles ansehen, andere junge Leute treffen, den guten Wein probieren und eine Menge Spaß haben. Nur sind halt im Sommer viel zu viele Touristen da.

Wie waren Deine Ferien?

Schreib mal bald!
Herzliche Grüße
Deine Sigrid

7 Your penfriend has sent you this letter telling you about her recent holiday:

a) Where did she go?

b) How long was she there?

c) Who else was there?

d) What did she do?

e) What was her general impression of the place?

Blumeninsel
Mainau im Bodensee

W² **8** Write a letter to her describing a recent holiday or a school trip in which you have taken part.

L¹ **9** Listen to these people talking about where they are planning to go or would like to go on holiday. Make notes on where they want to go and *why*.

S² **10** Working with a partner find out the following information from each other:
Was machst du in den Sommerferien – und in den Osterferien? Wohin würdest du fahren, wenn du viel Geld hättest? Warum? Was könntest du dort machen?

W² **11** Write a letter to your penfriend suggesting that she comes on holiday with you next year. Mention where you could go and what you could do.

Urlaub im Triererland

Ferien im Trierer Land - Warsberg

Keine halbe Stunde von der luxemburgischen und französischen Grenze entfernt, mitten in einer Landschaft, in der sich Natur und Kultur harmonisch miteinander vermischen, oberhalb der tausendjährigen Stadt Saarburg, liegt unser Ferienzentrum. Es ist eine Gegend für Naturliebhaber und Weingenießer. Außer Saar und Mosel durchfließen noch weitere kleine Flüsse und Bäche diese alte Landschaft.

Ein lebendiges Städtchen

Die Stadt Saarburg ist zwar klein (ca. 6.000 Einw.), bietet aber innerhalb ihrer Mauern eine Vielfalt von Sehenswürdigkeiten und Unterhaltungsmöglichkeiten.
Alte Bier- und Weinkeller findet man neben modernen Pizzarien. Guterhaltene Fachwerkbauten unterhalb der Burg schmucken das Ufer der Saar. Burg und Fluß gaben zusammen der Stadt ihren Namen.
Die unumstrittene Attraktion von Saarburg ist der Wasserfall welcher sich mitten in der Stadt befindet.
Im Saarburgerland wird auch gerne gefeiert. Höhepunkte stellen dabei im September jeden Jahres die feucht-fröhlichen Weinfeste dar.

Wohlfühlen

Es ist nicht schwierig mit Land und Leuten Kontakt zu finden um so den Urlaub noch abwechslungsreicher zu gestalten.
Als 'Bewohner' dieses Städtchens können Sie teilhaben an sonntäglichen Konzertveranstaltungen, an Reitsportveranstaltungen und ausgelassenen Dorfkirmes-Festen.

Ausflugsmöglichkeiten in der Gegend

Zwei Burgruinen, davon eine in Saarburg und eine in Freudenburg, wo 1335 König Johann von Böhmen ein Schloß baute, sind die Mühe eines Besuches gewiss wert. Verlockend ist auch die in der Nähe befindliche Stadt Luxemburg mit ihren alten Brücken und dem hochmodernen europäischen Parlements Gebäuden. Selbstverständlich darf man die alte Römerstadt Trier, ca. 20 km von Saarburg entfernt, nicht auslassen. Die 'älteste Stadt Deutschlands' wurde ca. 15 Jahre vor unserer Zeitrechnung erbaut. Hier findet man sehr interressante Denkmäler mit historischer Atmosphäre, während man auch gleichzeitig durch das moderne Einkaufszentrum der Innenstadt stundenlang 'bummeln' kann. Anschließend kann man sich bei einem Gläschen Wein auf einer der vielen gemütlichen Terrassen ausruhen.

Für die 'Aktiven' ist auch gesorgt:

Rudern auf der Saar, Schwimmen in Freibädern oder Stauseen, wandern durch Wälder und Weinberge, Bootsfahrten auf Saar und Mosel, Glockengießereibesichtigung in Saarburg, Weinprobe mit Seminar.

Die Lage

Im westlichen Hunsrück, ca. 250 km südlich von Aachen, 20 km südlich von Trier und 40 km östlich von der Stadt Luxemburg. Umgeben von Weinbergen, Wäldern und Äckern, finden sie auf einer Anhöhe, ca. 190 m über Saarburg, mit wunderbarer Aussicht auf das Saarburger Land, unser Ferienzentrum 'Warsberg'.
Eine direkte Verbindung mit Saarburg mittels unserer Seilbahn macht die Lage noch attraktiver (geöffnet von Mitte April bis Mitte Oktober).

R^2
12 Your German friends are suggesting that you meet up with them during the summer holidays. They will be camping at this holiday park from August 1st and suggest you might like to spend a week there with them. The rest of your family are not keen on camping and want to know more about the holiday park.

a) Where is it exactly?

b) Do you have to camp or is there other accommodation?

c) Is it very basic, do you have to take lots of things with you?

d) What are the facilities like?

e) What is there to do?

Warsberg

Ennia Ferienpark
Warsberg
5510 Saarburg
Telefon 6581/2037

Sie sind Gäste der Familie Stiller und ihre Mitarbeiter.

Bungalows

Die 150 Bungalows sind zum größten Teil freistehend und komplett für 6 Personen eingerichtet. Für 8-Personen-Gruppen stehen 24 Doppelbungalows mit zwei Schlafgelegenheiten im Wohnzimmer zur Verfügung. Alle Bungalows sind mit einem Wohnzimmer mit Küchenecke, drei Schlafzimmer mit je zwei Einzelbetten und fliessendem warmem und kaltem Wasser, Dusche, Toilette, Flur und Terrasse mit Gartenmöbeln ausgestattet. Heizung und Kochgeräte werden elektrisch betrieben. Die Einrichtung ist komplett, Bettwäsche, Kaffeeautomat und Farbfernseher gehören dazu (Handtücher und Küchentücher sind mitzubringen).

Camping

Zu dem Ferienpark gehört ein schöner Campingplatz mit modernen Sanitärgebäuden (Duschen und heißes Wasser ohne Aufpreis). Elektrische Anschlüsse sind vorhanden.

Die Ferienpark-Freizeitmöglich-keiten

- **Freizeithaus mit Bar**
- **Aufenthaltsraum für Jugendliche**
- **Imbiss-Ausgabe**
- **Restaurant mit Terrasse**
- **SB-Laden**

Für Gäste von Warsberg stehen kostenlos zur Verfügung:
- **Seilbahn**
- **beheiztes Freibad (geöffnet Mitte Mai bis Mitte September)**
- **Planschbecken für unsere Kleinen**
- **Spielplätze**
- **Volleyballplatz**
- **Fussballplatz**
- **Tischtennis**

Gegen Benutzungsgebühr stehen zur Verfügung:
- **Platformtennis**
- **Tennisplatz**
- **Kegelbahn**
- **Minigolfanlage**
- **Miniscooter**
- **Spielautomaten**
- **Waschmaschinen, Wäscheschleudern und Wäschetrockner**

Während der Haupturlaubszeit:
- **Tagesspiele: (Fußgängerrally, Wettkämpfe, Volkstänze, Kindernachmittage)**
- **Ausflüge: (Weinkeller- und Glockengießereibesichtigungen, Bus- und Wanderfahrten mit Begleitung)**
- **Abendveranstaltungen: (Bingo-, Disco- und Grillabende)**
- **Außerhalb der Haupturlaubszeit:**
- **Tagesspiele: (Kindernachmittage, Minigolfwettkämpfe, Fußgängerrally)**

- **Fahrten: (wie während der Haupturlaubszeit bei genügender Teilnehmerzahl)**
- **Abendveranstaltungen: (Bingo- und Disco-abende bei genügender Teilnehmerzahl).**

Informationen und Buchungen:

Ennia Ferienpark Warsberg/Saarburg, Telefon 06581/2037 oder Ennia Ferienzentren G.m.b.H., Im Hagen 19, Postfach 127, 5510 Saarburg. Telefon: 06581/2017.

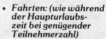

Für Preise: Anlage!

W² **13** Write a letter booking your week's stay:
Give the exact dates, say how many nights that is and how many there are of you. Say how many tents you have or what other accommodation you require.

```
                                        Den 15.6.19..

    Familie Stiller
    Ennia Ferienpark
    Warsberg
    5510 Saarburg


    Sehr geehrte Frau Stiller, Sehr geehrter Herr Stiller,
```

S¹R¹ **14** This campsite on Lake Constance is as good as the brochure claims. Can you answer these questions from a German family? They have pitched their tent next to yours and want to know about the facilities: (Practise with your partner)

Gibt es einen Laden? Was kann man da alles kaufen?
Gibt es auch warme Duschen? Muß man dafür bezahlen?
Was gibt's noch?

Ferienzentrum
Camping - Gohren
am **Bodensee**
zwischen Kressbronn und Langenargen

Liebe Campingfreunde!

Wir freuen uns, daß Sie unseren Platz gewählt haben. Mit seinem über 2 km langen Bodenseestrand bietet er für jeden Urlauber und Erholungsuchenden viele Möglichkeiten.

Das klare Bodenseewasser verspricht herrliche Badefreuden und alle Wassersportmöglichkeiten.

(Beachten Sie bitte unsere Anschlagtafel).

Ein herrlicher Wald im Westen und fischreiche Flüsse laden Spaziergänger und Angler ein.

Das Gebiet steht unter Naturschutz. Dadurch kann man sich besonders gut erholen.

Durch unsere zentrale Lage bieten sich Ausflugsmöglichkeiten rund um den Bodensee sowie in die schweizerische und österreichische Bergwelt an.

Bewundern Sie vom Strand aus das gigantische Panorama der Alpen und den herrlichen Rundblick auf den Bodensee.

Zu ihrer Bequemlichkeit bieten wir

- ein **Selbstbedienungsgeschäft** mit Lebensmitteln, Getränken, Sportartikeln und Campingbedarf
- Restaurant
- **Kochhaus** mit Geschirrspüle und Gasautomaten
- neuerbaute, erstklassige **sanitäre Anlagen,** kalte und warme Duschen ohne Mehrkosten
- **Kleiderwaschstelle,** Wasch- und Trockenautomaten
- ca. **2000 Stromanschlüsse** für Wohnwagen und Zelte
- **Gasversorgung** (Camping-, Butan-, Propan-Gas)
- **Post – Telefon**

Zu Ihrem Vergnügen in der näheren Umgebung

- **Minigolf**
- **Angeln**
- **Segel- und Surfkurse**
- Konzertveranstaltungen
- Bodenseerundfahrten mit der weißen Flotte
- **Großer Yachthafen** mit Kran

Für unsere Kleinen

- **Kinderspielplatz** mit verschiedenen Spielen
- Kinderbetreuung in der Hochsaison

Ein Arzt steht zur Verfügung.
Unser Platz wird Tag und Nacht bewacht.

R²W² **15** Complete this letter to a German friend in which you tell him what you have done so far on your camping holiday and what you are planning to do.

Lieber Heinz!
Es ist toll hier! Der Campingplatz ist genauso, wie ich gedacht hatte. Gestern abend war ich in einem Konzert und heute war ich den ganzen Tag im Wasser. Der Strand

W² **16** The next campsite is very different! Complete this letter to another friend in which you tell him exactly what it is like!

```
Klo verstopft
Strand schmutzig (Bierdosen/Öl)
dauernd Regen
nur alte Leute
Dusche eiskalt
laut (Flugplatz direkt daneben)
teuer
kein Lebensmittelladen
keine Zeitung
nächstes Dorf (Post/Telefon) 10 km
Ameisen
Zelt undicht
keine Bäume
immer Nebel
......
```

Lieber Fritz,
Du glaubst gar nicht, wie sauer ich bin!! Erinnerst Du Dich noch an den Prospekt mit dem "tollen" Campingplatz "PARADIES". Ja? Auf genau diesem Platz bin ich jetzt mit meinem Zelt! Aber es ist alles ganz anders, als ich gedacht habe. Zum Beispiel wollte ich heute morgen duschen. Stell Dir vor, es kam nur ...

W² **17** You decide to go to Munich next year – at least when it's raining there's always something to do in a big town. Write to the tourist office and ask for details of youth hostels, hotels, sports facilities and other activities during the month of August.

An das
Fremdenverkehrsamt der
Landeshauptstadt München
D-8000 MÜNCHEN 2
Rinderstraße 5
Germany

Sehr geehrte Damen und Herren,
ich habe vor, nächstes Jahr ....

**München –
im Verkehrsamt**

L¹

18 You are standing in the tourist information office looking at the leaflets and overhear the following enquiries. Some of the information may be useful to you:

a) i) What is said about cinema programmes?
   ii) – and if you wanted to go to the opera or to a concert?

b) i) Where do the guided tours of town leave from?
   ii) What sort of trips leave from Lenbachplatz?

c) i) When is Nymphenburg Castle open to the public?
   ii) How do you get there?

d) How much is it to get into the Deutsches Museum?

e) What sort of information is in the brochure which is being pointed out?

S¹

19 What questions would you need to ask in the following situations?

a) You are looking for somewhere cheap to stay, perhaps a hostel.

b) The tourist office says there is a vacancy at the Hotel Krone but you are not sure whether you and your friend can afford it.

c) You want to know what there is to see in town.

d) You would like to visit the castle and need to know when it is open, how much it costs and how to get there.

e) You have no idea what is on in town this week.

f) You need to enquire about coach excursions.

| *(Wo)   kann man hier* | *campen?* |
| | *preiswert übernachten?* |

| *Kann ich hier einen Ausflug buchen?* | |
| *Wo fahren die Busse ab?* | |

| *(Wo)   gibt es hier* | *ein Museum?*   *Wann ist es geöffnet?* |
| *haben Sie hier* | *eine Jugendherberge?* |

| *Haben Sie   einen Veranstaltungskalender?* | |
| *einen Stadtplan?* | |

Was kostet (bei Ihnen)	*ein Platz für mein Zelt/für meinen Caravan?*	
Was kostet im Hotel "Adler"	*eine Übernachtung* *mit Frühstück?*	
	ein Einzelzimmer *mit Bad/mit Dusche?*	
	ein Doppelzimmer *ohne Bad/ohne Dusche?*	

20 In a tourist office a man is talking to the assistant.

1) What does the assistant need to know before answering the tourist's first question?

2) What does the assistant say about the area around the camp site?

3) What two particular sights does she mention?

4) The tourist enquires about two other activities – what are they?

5) What information does the assistant offer in these two cases?

21 You are making enquiries in a tourist office. Practise this dialogue with your partner:

(Hello)

Guten Tag.

(What is there to see around here?)

Sind Sie mit dem Auto unterwegs?

(No, by train)

Da kann ich Ihnen verschiedene Ausflüge empfehlen – nach Heidelberg und nach Würzburg – beides sehr interessante alte Universitätsstädte.

(How far away are they?)

Bis Heidelberg sind's etwa 20 Minuten mit der Bahn und bis Würzburg eine Dreiviertelstunde.

(Brochures?)

Ja, für Heidelberg und Würzburg – eine Mark das Stück.

(I'll take both.)

So . . . zwei Mark, bitte.

(Thanks, goodbye)

| *Was kann man sich hier .... ansehen?* | *Ich nehme beide ....* |
| *Wie weit ist ....* | *von hier entfernt?* |

Besonders beliebte Tagesausflüge

Mit dem Schiff

Unser Fahrplan bietet eine Fülle von interessanten Ausflugsmöglichkeiten. Nachstehend zwei besonders beliebte Touren, bei denen Sie mit dem KD-Schiff hin und zurück fahren. Selbstverständlich können Sie auch unterwegs an Zwischenstationen zusteigen. Bitte beachten Sie unsere Fahrpläne auf Seite 3.

Ab Koblenz:

Schiffstour nach Moselkern und Wanderung zur Burg Eltz

Kurz nach Abfahrt in Koblenz passiert das Schiff zwei Schleusen, in denen es jeweils um ca. 5 m gehoben wird. Vorbei am bekannten Weinort Winningen führt die Fahrt dann weiter durch das schöne Moseltal. Im Strom rechts liegt die Campinginsel Ziehfurt und in 136 m Höhe überspannt die imposante Brücke der Autobahn Krefeld-Ludwigshafen den Fluß. Es folgen nun eine ganze Reihe von Weinorten wie Gondorf, Alken und Hatzenport, bevor Sie nach Moselkern kommen. Von hier aus wandern Sie durch das romantische Eltztal in ca. 1 ¼ bis 1 ½ Stunden zur Burg Eltz.

Sie können auch unser preisgünstiges Pauschalangebot „Zur Burg Eltz" buchen, bei dem Schiffsfahrt, Bus- bzw. Taxi-Transfer zur Burg Eltz und Burgführung im Preis eingeschlossen sind.

Fahrplan: Koblenz   ab 10.00 Uhr
Moselkern an 13.00 Uhr

Moselkern ab 17.15 Uhr
Koblenz   an 20.10 Uhr

Fahrpreis: Koblenz-Moselkern u.z.: DM 18,—
Pauschalangebot „Zur Burg Eltz": DM 31,50

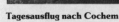

Tagesausflug nach Cochem

Die Fahrt von Koblenz bis Moselkern erfolgt wie im Burg-Eltz-Programm. Von Moselkern geht es weiter durch die Schleuse Müden (ca. 6,50 m). Vorbei an den Weinorten Treis, Karden, Pommern und Klotten bringt Sie das KD-Schiff schließlich zur bunten und lebendigen Moselstadt Cochem. Auf keinen Fall sollten Sie versäumen, die mächtige Reichsburg Cochem zu besichtigen. Zum Aufstieg brauchen Sie ca. 15 Minuten. In der Burg finden täglich Führungen statt.

Fahrplan: Koblenz   ab 10.00 Uhr
Cochem   an 14.30 Uhr

Cochem   ab 16.00 Uhr
Koblenz   an 20.10 Uhr
Fahrpreis: Koblenz-Cochem u.z.: DM 27,40

Mit Bahn und Schiff

Hier fahren Sie in einer Richtung mit dem Schiff, in der anderen mit der Bahn. Diese Programme sind besonders preisgünstig. Wenn Sie mit der Bahn an die Mosel fahren, können Sie übrigens Ihre Bahnkarte gegen eine Übergangsgebühr in einen Schiffsfahrschein umschreiben lassen und umgekehrt. Aber immer nur an den KD-Schiffslandestellen und auch nur in Orten, wo auch ein Bahnhof ist.

Nachmittagsausflüge ab Cochem:

Hier lernen Sie den schönsten Teil der Untermosel auf der Strecke zwischen Cochem/Winningen — Koblenz kennen. Die Fahrt macht Sie bekannt mit den alten Weinorten Treis, Hatzenport, Winningen Brodenbach, Alken und Winningen. Sie sehen die stolzen Burgen Thurant, Bischofstein und die Ruine Ehrenburg.

Schiffsfahrt nach Winningen

Cochem	ab	16.00
Winningen	an	19.00

Bahnrückreise ab Winningen

		täglich		nur
		außer Sa	werktags	So
Winningen	ab	19.34	21.28	23.17
Cochem	an	20.15	22.08	23.57

Schiffsreise nach Koblenz

Cochem	ab	16.00
Koblenz	an	20.10

Bahnrückreise ab Koblenz

		täglich		So
Koblenz	ab	21.14	22.14	23.07
Cochem	an	21.46	22.46	23.57

Fahrpreis Cochem-Winningen u.z.: DM 26,60
Fahrpreis Cochem-Koblenz u.z.: DM 33,20
Kinder von 4 bis 12 Jahren zahlen halbe Fahrpreise.
Die angegebenen DB-Fahrplanzeiten gelten ab 1.6.
Bitte beachten Sie bis 31.5 den DB-Winterfahrplan.

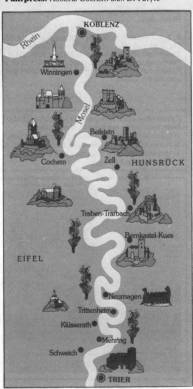

R¹

22 Trips on the Mosel

a) What *two* main types of trips are advertised?

b) How long does the boat trip from Koblenz to Cochem take?

c) How much is the round trip by boat?

d) Which part of the trip can be done by train?

R²

23 Tours

a) What is the special feature of the tour to Moselkern?

b) What is included in the price of DM31,50?

c) What should you not miss if you go to Cochem?

d) Describe what you would see from the boat between Koblenz and Cochem?

Bad Ischl

Die Sommerresidenz Kaiser Franz Josephs und Operettenstadt. Bietet ihren Gästen neben Spaziergängen auf der Promenade ein Fotomuseum, die Tennisanlage Kaltenbach und für Pferdefreunde ermäßigte Nächtigungs- und Reitpreise im Gast- und Reiterhof „Wildenstein".

Kurhotel Bad Ischl

★★★★

4820 Bad Ischl, Voglhuberstraße 10, (06132) 42 71
Ruhige zentrale Parklage, Zimmer mit Dusche, Bad, WC, Telefon, TV, Loggia, Solehallenbad, Kurmittel im Haus, Diät-küche, Sauna, Solarium.
Preis für ein Wochenende: Freitag bis Sonntag: HP pro Pers. ab S 1.280,–
Kinderermäßigung: 2–12 Jahre 50 %

Hotel Goldenes Schiff

★★★★

4820 Bad Ischl, Adalbert-Stifter-Kai 3, (06132) 42 41, 42 42
Im Zentrum an der Traun gelegen, Zim-mer mit Bad, Dusche, Direktwahltele-fon, Farb-TV, Bar, Restaurant im Haus, Diätküche, rollstuhlfähiges Haus.
N/F pro Pers. ab S 342,–
HP ab S 405,–
Aufpreis für Vollpension S 50,-.

Hotel Schenner

★★★

4820 Bad Ischl, Schulgasse 9
(06132) 63 27
Im Stadtzentrum in der Ruhezone gele-gen, Zimmer mit Bad, Dusche, WC, Ra-dio, Telefon, Zimmerbar, teilweise TV, Restaurant im Haus, Diätküche.
N/F pro Pers. ab S 383,–, HP ab S 480,–
Aufpreis für Vollpension S 80,–, Wo-chenarrangement.

R[1] **24** You will be touring Southern Germany and Austria by car. Bad Ischl is near Salzburg.

a) Which hotel is cheapest for half-board (bed, breakfast and evening meal)?

b) How much would it be for full-board at that hotel?

c) Which hotel advertises reduced prices for children?

W[1] **25** Write a letter to one of these hotels:
Reserve two double rooms with bath or shower and WC. Give the dates and say whether you want simply breakfast, half-board or full-board.

R[1] **26** Which of these Berlin hotels would you try in the following situations?

a) You need a hotel with a lift.

b) You want a hotel with its own car park.

c) You can pay no more than DM40 for a single room with breakfast.

S[1] **27 Booking a room**

a) Telephone one of these hotels and enquire whether they have a vacancy.

b) Ask the prices of rooms *with* and *without* shower.

c) Ask if the price includes breakfast.

L[2] **28 At Reception**

The person in front of you is obviously getting angry. What is the problem and how is it solved?

Hotels & Pensionen

Wir wünschen Ihnen einen angenehmen Aufenthalt in Berlin.

Hotel - Am Park - Pension
Berlin 19, Sophie-Charlotten-Str. 57, Tel. 321 34 85
Am Lietzensee, garni, EZ ab 35,00 DM, DZ ab 60,00 DM, inkl. reichhaltigen Frühstücks; tw. Du-sche/Bäder; Telefon, TV, Aufenthaltsraum.

Hotel-Pension Dittberner
Berlin 15, Wielandstraße 26, Tel. 8 81 64 85.
Garni, EZ ab 45,00 DM, DZ ab 70,00 DM, inklusive Frühstück; tw. Dusche/Bad/WC, Telefon, Fahr-stuhl, Kurfürstendammnähe, sehr ruhig.

Hotel-Pension Funkturm
Berlin 19, Wundtstraße 72, Tel. 3 22 10 81/82.
Garni, EZ ab 40,00 DM, DZ ab 70,00 DM, inkl. Früh-stück; tw. Dusche/Bad/WC/Tel., Fernsehraum. 10 Min. zum Ku'damm, 2 Min. zum ICC.

Hotel-Pension Fasanenhaus
Berlin 15, Fasanenstraße 73, Tel. 8 81 67 13.
Garni, EZ ab 50,00 DM, DZ ab 70,00 DM, inkl. Früh-stück; tw. Dusche/WC, Tel., Fernseher, Restaurant im Hause, Fahrstuhl, ruhige City-Lage.

Hotel-Pension Brenner
Berlin 30, Fuggerstraße 33, Telefon 24 83 43.
EZ ab 35,00 DM, DZ ab 60,00 DM; Frühstück ab 5,50 DM; tw. Dusche; Telefon, Fernseher, Aufent-haltsraum.

Hotel-Pension Funk
Berlin 15, Fasanenstraße 69, Tel. 8 82 71 93.
Garni, EZ 47,00 DM, mit Dusche 52,00 DM, DZ 80,00 DM, mit Dusche 90,00 DM, inkl. Frühstück; Telefon, sehr ruhige und zentrale City-Lage.

Hotel-Pension Korfu
Berlin 30, Rankestraße 26, Telefon 24 83 08.
Garni, EZ ab 45,00 DM, DZ ab 65,00 DM, inkl. Früh-stück; Dusche, Telefon, Fernsehraum, Parkplätze, 3 Minuten von der Gedächtnis-Kirche.

Hotel Juwel
Berlin 15, Meinekestraße 26, Tel. 8 82 71 41.
Garni, EZ ab 44,00 DM, DZ ab 70,00 DM, inkl. Früh-stück; Dusche/Bad/WC; Tel., Fernsehraum, Park-haus in der Nähe. Sehr ruhige City-Lage.

Hotel-Pension München
Berlin 31, Güntzelstraße 62, Tel. 8 54 22 26.
Garni, EZ ab 35,00 DM, DZ ab 50,00-60,00 DM, zu-zügl. reichhaltigen Frühstücks von 7,00 DM; Auf-enthaltsraum, U-Bahnnähe, ruhige Wohnlage.

Hotel Lenz
Berlin 15, Xantener Straße 8, Tel. 8 81 51 58.
Garni, EZ ab 55,00 DM, DZ ab 80,00 DM, zuzügl. Frühstück; Dusche/Bad/WC, Tel., Fernseh- und Aufent-haltsraum, Bar, Durchwahltelefon, Fahrstuhl.

Hotel-Pension Rialto
Berlin 31, Kurfürstendamm 96, Tel. 3 23 29 37.
Garni, EZ ab 35,00 DM, DZ ab 70,00 DM, Frühstück 8,00 DM; tw. Dusche,Bad/WC, Telefon, Aufent-haltsraum, Dach- und Wintergarten.

Hotel-Pension »Paris 37«
Berlin 15, Pariser Str. 37, T. 881 84 62/881 30 80.
100 Betten, garni, EZ ab 40,00 DM, DZ ab 70,00 DM, inkl. Frühstück; Dusche, Telefon, eigene Parkplätze, 2 Minuten vom Kurfürstendamm.

Pension Mecklenburg
Berlin 41, Zimmermannstraße 36, Tel. 7 91 64 79
Garni; große Zimmer, tw. Dusche/WC; persönliche Atmosphäre, verkehrsgünstig zur City und den Dahlemer Museen, in ruhiger Wohnlage.

Hotel West-Pension
Berlin 15, Kurfürstendamm 48, Tel. 8 81 80 57.
Garni, EZ ab 40,00 DM, DZ ab 75,00 DM, Früh-stücksbüfett 9,00 DM; Dusche/Bad/WC, Telefon, Konferenzraum, rollstuhlgerecht, eig. Parkplätze.

Hotel Korso am Flughafen
Berlin 42, Tempelhofer Damm 2, Tel. 7 85 70 77.
Garni, EZ ab 43,00 DM, DZ ab 75,00 DM, Mehrbett-zimmer ab 96,00 DM, inkl. Frühstück; tw. Du-sche/Bäder/WC, Telefon, Fernsehraum.

Hotel Am Anhalter Bahnhof
Berlin 61, Stresemannstr. 36, Tel. 2 51 26 25.
Garni, EZ ab 35,00 DM, DZ ab 60,00 DM, zuzügl. Frühstück; tw. Dusche, Fernsehraum. Vorzugs-preise für Gruppen. Nähe Sektorenübergang.

JUGENDHERBERGE KÖLN – DEUTZ		
Preisliste:	Übernachtung mit Frühstück	DM 14,00
	Mittagessen	DM 6,10
	Nachmittagskaffee	DM 4,50
	Abendessen	DM 6,10
	Lunchpaket – groß	DM 6,10

Es besteht Wäschepflicht:
Bettwäsche, Benutzungsgebühr bis zu 10 Tagen   DM 3,50

S[1]   **29** You arrive at the youth hostel with a friend and ask if there are any beds free. You want to stay for three nights with breakfast and evening meal in the hostel. You will also need to hire bed-linen.

Haben Sie .... ?   Für .... Nächte   Mit ....
Wir möchten auch ....   Was kostet ....   ?

S[1]   **30** Answer the warden's questions:

Brauchen Sie Bettwäsche?

Wie heißen Sie?

Bitte buchstabieren Sie!
Haben Sie Ihren Ausweis dabei?

Wie lange bleiben Sie?

S[1]   **31** Ask about mealtimes and hostel duties. Find out where the dormitories are.

Schlafräume?   Wann ist .... ?   Was .... ?

R[2]   **32** This is an excerpt from the *Hausordnung*. What are the times of meals and exactly what duties have to be done? Summarise the other rules also.

Die Mahlzeiten werden zu folgenden Zeiten eingenommen:
Frühstück: 7.30 Uhr
Mittagessen: 12.30 Uhr
Nachmittagkaffee nach Vereinbarung
Abendbrot: 18.00 Uhr
Aus wirschaftlichen Gründen–die Jugendherberge muß sich selbst tragen– aber auch aus pädagogischen Gründen können wir auf die Mitarbeit der Gäste nicht ganz verzichten.
Wir erwarten:
In den Tagesräumen: – Decken der Tische,
                    – Auftragen der Speisen
                    – Abräumen des Geschirrs und Transport in die Spülküche;
                    – Reinigen der benutzten Tische.
In den Schlafräumen: – Das Richten der Betten nach Benutzung-
                    – Aufräumen der Zimmer-
                    Bei der Abreise die Jugendherbergswäsche auf einem Hocker im Zimmer Ablegen (bitte **nicht** falten).
Wegen der täglichen Hausreinigung bitten wir, die Zimmer bis 9.00 Uhr zu räumen. Abreisende Gäste bitten wir ebenfalls die Zimmer bis 9.00 Uhr freizugeben, damit diese für die Neubelegung hergerichtet werden können.
Hausruhe besteht generell zwischen 22.00 und 6.30 Uhr; Einlaß ist jedoch bis 23.30 Uhr.
Das Mitbringen und der Genuß von alkoholischen Getränken ist in den Räumen oder auf dem Gelände der Jugendherberge nicht erlaubt. Betrunkene Gäste können des Hauses verwiesen werden.
Rauchen ist gesundheitsschädlich. Nichtraucher dürfen durch rauchende Gäste nicht beeinträchtigt werden. Ausnahmsweise kann Gästen über 16 Jahren das Rauchen gestattet werden; ein Raucherraum steht in der JH zur Verfügung. In keinem Fall darf im Bereich des Schlafhauses geraucht werden.
In den Schlafräumen dürfen Speisen weder zubereitet noch eingenommen werden.

Skiing in Austria

33 Your Austrian friends like to go skiing but think it would not be a suitable holiday for the youngest member of the family who is only six years old.
However you notice this brochure in a store and wonder if it might be of interest to them:

a) What is the point of the Skikindergarten?

b) What happens on a typical day there?

Now look at the price list:

c) You like the idea of cross-country skiing. How much would it cost you to do a week's course and hire all the necessary equipment?

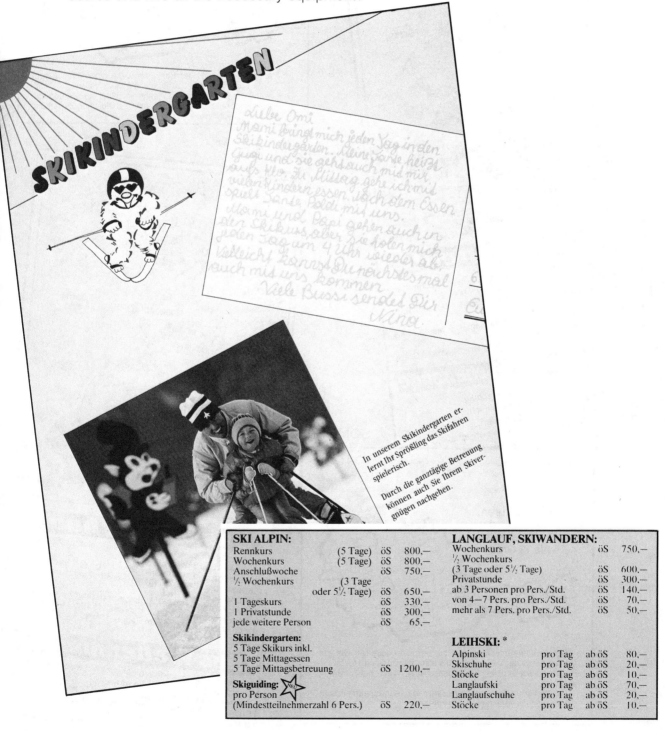

SKI ALPIN:				LANGLAUF, SKIWANDERN:				
Rennkurs	(5 Tage)	öS	800,—	Wochenkurs		öS		750,—
Wochenkurs	(5 Tage)	öS	800,—	½ Wochenkurs				
Anschlußwoche		öS	750,—	(3 Tage oder 5½ Tage)		öS		600,—
½ Wochenkurs	(3 Tage			Privatstunde		öS		300,—
	oder 5½ Tage)	öS	650,—	ab 3 Personen pro Pers./Std.		öS		140,—
1 Tageskurs		öS	330,—	von 4—7 Pers. pro Pers./Std.		öS		70,—
1 Privatstunde		öS	300,—	mehr als 7 Pers. pro Pers./Std.		öS		50,—
jede weitere Person		öS	65,—					
Skikindergarten:				**LEIHSKI:** *				
5 Tage Skikurs inkl.				Alpinski	pro Tag	ab öS		80,—
5 Tage Mittagessen				Skischuhe	pro Tag	ab öS		20,—
5 Tage Mittagsbetreuung		öS	1200,—	Stöcke	pro Tag	ab öS		10,—
				Langlaufski	pro Tag	ab öS		70,—
Skiguiding: ⭐				Langlaufschuhe	pro Tag	ab öS		20,—
pro Person				Stöcke	pro Tag	ab öS		10,—
(Mindestteilnehmerzahl 6 Pers.)		öS	220,—					

Das Wetter

Look at the weather forecasts and answer the questions on the next page.

HERBST

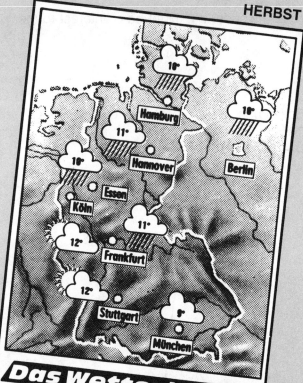

Hamburg 10°
11°
Hannover 10°
Berlin 10°
Essen
Köln
Frankfurt 11°
12°
Stuttgart 12°
München

Das Wetter heute

Norden: Stark bewölkt und zeitweise Regen. Nachmittags freundlicher. 8 bis 12 Grad, nachts 3 bis 7 Grad.
Westen: Stark bewölkt und zeitweise Regen. 12 Grad, nachts 4 bis 9 Grad.
Süden: Stark bewölkt und zeitweise Regen. 9 bis 13 Grad, nachts 4 bis 8 Grad.
Berlin: Bedeckt und zeitweise Regen. 11 Grad, nachts 6 Grad.

Das Wetter am Wochenende

Norden: Erneut aufkommender Niederschlag.
Westen: Anfangs Schauer, später freundlich.
Süden: Teils neblig-trüb, teils aufgeheitert.
Berlin: Ruhiges, zu Nebel neigendes Herbstwetter.

WINTER

Frühtemperaturen:
–15 bis –6 Grad
Tageshöchstwerte:
–2 bis +3 Grad

Im Alpenraum herrscht Hochdruckeinfluß. Die Aussichten für heute: Lokale Frühnebelfelder, sonst meist sonnig. Schwach windig. Das Wetter am Donnerstag: Im Westen reichlich bewölkt und mitunter etwas Schneefall, sonst bei unterschiedlicher Bewölkung zeitweise auch sonnig.

FRÜHLING

Hamburg 8°
Berlin 12°
10°
Hannover
11°
Essen
Köln
12°
Frankfurt 12°
13°
Stuttgart 13°
München

Das Wetter heute

Norden: Stark bewölkt, gelegentlich leichter Sprühregen, zwischen 4 und 9 Grad.
Westen: Ab und zu Sonne, nachmittags von Südwesten her Eintrübung, zeitweise Regen, Höchsttemperaturen 10 bis 13 Grad, nachts um 6 Grad.
Süden: Ab und zu Regen, Höchsttemperatur 10 bis 15 Grad, in 2 000 m Höhe um null Grad, nachts zwischen 1 und 6 Grad.
Berlin: Wolken, aber kaum Regen. 10 bis 14 Grad, nachts um 3 Grad.

Das Wetter morgen

Norden: Aufgelockerte Wolkendecke, die Sonne scheint vorübergehend, trocken, mäßig warm.
Westen: Unbeständig, mal Regen, mal Sonne.
Süden: Wolken, gebietsweise Regen, mild.
Berlin: Ab und zu Regen, etwas kühler.

SOMMER

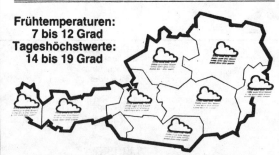

Frühtemperaturen:
7 bis 12 Grad
Tageshöchstwerte:
14 bis 19 Grad

Der Zustrom kühler Meeresluft aus Nordwest dauert an. Die Aussichten für heute: veränderlich bis stark bewölkt und strichweise Regen oder teils gewittrige Regenschauer. West- bis Nordwestwind.

Das Wetter am Dienstag: im Westen und Süden zunehmend sonnig, sonst noch veränderlich und kühl.

34 Winter You are staying in Western Austria near Salzburg and plan to go out for the day either today, Wednesday, or tomorrow. On which day will the weather be better?

Spring You are in Cologne. What is the weather forecast for today? Will it be better tomorrow?

Summer You are in Austria, in the north near Vienna: What is today's forecast – and tomorrow's (Tuesday's)?

Autumn You are in Hamburg. Would it be better to go out this morning or this afternoon? You are going to Berlin for the weekend – what weather can you expect?

35 Weather Reports on the Radio

1) Will it rain tomorrow? Will it be very cold?

2) Will it be sunny tomorrow? What will be the maximum temperature?

3) Where are there going to be sunny spells later today? Top temperature?

4) You are camping by Lake Constance. What is tomorrow's forecast? What is the outlook for the weekend?

Mitten im Frühling! Schneepflug rammt Auto

Der April macht, was er will. Tagelang Nebel, Regen und Kälte – und gestern früh gab's sogar Schnee! Der überraschende „Wintereinbruch" mitten im Frühling führte auf vielen Straßen in den höheren Regionen rund um Köln zum Chaos. Autos mit Sommerreifen landeten serienweise im Graben. Zwischen Mechernich und Kommern (Eifel) kam ein Schneepflug ins Rutschen, erfaßte mit dem Räumschild einen entgegenkommenden Golf (Foto). Der Pkw wurde schwer beschädigt, der Fahrer kam mit dem Schrecken davon. Unter den Schnee-massen knickten auch viele Bäume um: Die Bundes-straße 258 bei Blankenheim war stundenlang gesperrt! Die polare Kaltfront aus Nord-Ost zog jedoch bald nach Süden ab. Nachmittags lachte über Köln die Sonne...

R²

36 In two days' time you are due to go to Cologne to stay with your penfriend. You have just received this newspaper article from him. What is it all about?

Topic 8 · Social Relationships

R[1] **1** What are these people saying to each other?

S¹   **2**

a) How would you say the following in German?

> *Apologies for being late   –   Thanks for a nice evening   –*
> *Hope you'll get home alright   –   We have to go now, goodbye and*
> *thanks a lot   –   I'm feeling much better today*

b) How could you ask the following in German:

How are you?   May I introduce you to .... ?

What would you like to drink?   What are you doing this evening?

c) What is the German for:

L¹   **3** Listen to the following telephone conversation taking place after a party:

1) How did the party go?

2) Why has one girl been unable to come?

3) What did she say about next time?

4) What arrangement did the two girls agree on?

S²   **4** Ring up a German friend telling her/him why you can't accept an invitation to a party. Work with a partner.

> *entschuldige bitte   –   leider nicht   –   Besuch aus ....*
> *Telegramm plötzlich   –   vielleicht das nächste Mal   –*
> *später treffen   –   Wiederhören/Tschüs*

Hallo,

Du, nächsten Samstag mach' ich eine Party. Kannst Du kommen? Ich lade auch meine Freunde aus dem Sportclub ein. Wir trainieren ja alle ziemlich viel. Deshalb trinken wir keinen Alkohol. Für die Party kauf ich nur Coca Cola und Fanta. Chips, Käse und Salzstangen besorge ich nicht, denn das bringen die andern mit. Zum Tanzen haben wir ganz neue Platten, die Ralf zum Geburtstag bekommen hat.

Du kannst gern Deinen englischen Freund mitbringen.

Viele Grüße

Paula

R¹

5 Your penfriend shows you this note which he has just received

a) What is this note about?

b) Who is coming?

c) What does the note say about alcohol?

d) Who is seeing to the food?

e) What about music?

f) Why has your friend shown it to you?

L¹

6 Listen to these three conversations, involving people making arrangements, and fill in the grid:

	What is being arranged?	When?	Where?
1.			
2.			

S¹

7 Practise these dialogues with your partner:

A) Wir gehen morgen abend ins Kino. Kommst du mit? (Which film?)

"Crocodile Dundee" (Yes – starts when?)

Um 6.45. (Meet where?)

Bei mir – dann fahren wir gemeinsam hin. (Meet when?)

Sagen wir um 6? (Yes – see you tomorrow)

B) (Come shopping on Saturday?) Wo?

(Big shopping centre near station) Oh ja – da ist ein neues Plattengeschäft.

(Meet at 9 o'clock?) Ja. Wo?

(My house) Ja prima – bis dann.

(Bye)

L²

8

A) You are staying with your penfriend Thomas. One day after school his friend Karl-Heinz calls round and they have this conversation:

   1) What are they agreeing to do?

   2) Where will they meet?

   3) When?

   4) What problem arises?

   5) How is the problem solved?

B) You are out shopping one day with your penfriend's mother, Frau Bier. She meets a friend and they have this conversation:

   1) What is Frau Bier asking Herr Dielen to do?

   2) What difficulty is there?

   3) Why?

   4) What do they finally agree on?

S²

9 Practise these dialogues with your partner:

A) David, am Montag lädt Karola zu einer Party ein. Kannst du kommen?
(Yes please! Where does Karola live?)

Am Hubertushof.
(How do we get there?)
Mit dem Rad.
(Pity – mine is broken at the moment.)
. . . . Moment, unsere Nachbarn haben ein altes Fahrrad. Das leihen sie dir bestimmt.
(Great! When shall I come to your house?)
Gegen 7?
(Good – see you then.)
Tschüs.

B) *(Would you like to play squash with me this weekend?)*
Oh ja, gerne – wann?
(Saturday afternoon at 4.30)
Da habe ich schon was vor.
(How about Sunday morning at 11?)
Oh ja – das geht.
(Let's meet at the bus stop)
Um wieviel Uhr?
(10.25 – there's a bus at 10.30)
Prima, bis dann.
(Bye)

W¹ **10** While staying in Germany with your penfriend you have to write some short messages:

A) to Thomas, whom you are supposed to be meeting

Can't come tomorrow – Herr Hoefer's car broken down – meet on Wednesday at your house? Ring me please. Sorry.

B) to your penfriend

Am in town – had to go shopping – back by 4 – can we go to the sports centre later? – I'll buy you a Big Mac!

W² **11** You have promised your former penfriend that while you are on holiday in Germany with your parents you will contact him/her. You ring up but their telephone is out of order so you have to write instead. Include in your letter the following information:

tried to ring – telephone out of order – been in Bad Rappenau for 4 days – weather mixed – can we meet up? – when are you free? – weekends best for me – where? – see a film – or you come to us? (parents would like to meet you) – write soon – we're here in Rappenau until 25th.

> *versuchen – anrufen – Telefon außer Betrieb*
> *– seit 4 Tagen in .... – Wetter wechselhaft.*
> *Wann hast du Zeit? – mir paßt – .... am besten.*
> *Wo treffen wir uns? – wann? – ins Kino?*
> *– ...... zu uns kommen? – ...... dich kennenlernen – bis zum 25. noch da.*

"Stern" magazine contains this article about young people in Germany. There are a lot of statistics in the article.

Deutschland, deine Kinder

– Im Auftrag des STERN hat das Institut für Demoskopie Allensbach eine *repräsentative Auswahl* von 12-bis 16jährigen Jungen und Mädchen zu ihren Wünschen und Zielen, Hoffnungen und Ängsten, Eltern und Freunden zu Kirche und Staat befragt.

Beruf

„Ist eine gründliche Berufsausbildung für Mädchen genauso wichtig wie für Jungen, oder ist sie für Jungen wichtiger?"

	Jugendliche insgesamt	Jungen	Mädchen	Arbeiter	Beruf des Vaters Angest./ Beamter	Landwirt/ Selbständ.
Für Mädchen genauso wichtig	78	69	88	71	80	84
Für Jungen wichtiger	12	19	4	17	11	9
unentschieden	10	13	8	12	9	8

Traumleben

„Was sind deine Vorstellungen vom idealen Leben

	Jugendliche insgesamt	Jungen	Mädchen
Viele gute Freunde haben	74	70	78
Ein tolles Auto, Motorrad fahren	58	69	46
Große Weltreisen machen	53	54	52
Viel Musik hören	48	46	50
Viel Sport treiben	47	55	38
Tiere haben	47	38	55
Reich sein	46	51	42
Viel fernsehen	23	30	16
Viel arbeiten	5	7	4

Zukunft

„Wenn du an deine Zukunft denkst, welche Ziele hast du da?"

	Jugendliche insgesamt	Altersgruppen 12 Jahre	16 Jahre	Jungen	Mädchen
Einen sicheren Arbeitsplatz	70	61	81	73	67
Ein gutes Einkommen	64	54	77	67	60
Gesund leben	48	45	53	46	52
Liebe	42	29	53	34	51
Anderen Menschen helfen	40	39	41	32	49
Ein Haus haben	33	34	34	36	30
Politisch aktiv sein	2	4	8	7	5

R^2 **12**

a) What were these four questions about?

b) On what questions did boys and girls differ the most?

c) What other results seem significant to you?

d) What impression do you get of young people in Germany today?

Ehe

„Möchtest du später mal heiraten?"

	Jugendl. insgesamt	Jungen	Mädchen	Dorf	Großstadt
Möchte ich	70	66	74	80	57
Möchte ich nicht	5	5	5	5	6
unentschieden	25	29	21	15	36

S^2 **13** How would *you* answer these questions?

Was die Jugend meint . . .

Die aktuelle Frage, gestellt von Tillmann Fuchs, diesmal in Baden

Was tust Du für den Umweltschutz?

René Galle, 16, Maler-Lehrling: „Wenn ich im Wald spazieren gehe, nehme ich Abfälle bis zum nächsten Mistkübel mit. Seitdem mich ein Freund darauf aufmerksam gemacht hat, gebe ich alte Batterien in Geschäften ab, wo sie gesammelt werden."

Monika Emmerling, 21, Musikstudentin: „Viel. Ich verwende nur Kosmetika, die aus natürlichen Stoffen gemacht sind. Außerdem benütze ich keine Haarsprays, weil das Treibgas sehr umweltschädlich ist. Es zerstört die Ozonschicht."

Jürgen Meidlinger, 15, Autolackierer-Lehrling: „Ich beteilige mich an Gewässerreinigungsaktionen, weil mein Hobby Angeln ist. Jeder Einzelne kann etwas gegen die Verschmutzung der Natur tun. Das ist nur eine Frage der Überwindung."

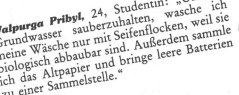

Walpurga Pribyl, 24, Studentin: „Um das Grundwasser sauberzuhalten, wasche ich meine Wäsche nur mit Seifenflocken, weil sie biologisch abbaubar sind. Außerdem sammle ich das Altpapier und bringe leere Batterien zu einer Sammelstelle."

Stefan Ohmacht, 21, Student: „In meiner Wohnung arbeite ich nur mit wasserlöslichen Lacken. Zum Waschen verwende ich nur Seifenflocken, und wenn ich die Möglichkeit dazu habe, werde ich gegen die Staustufe Wien stimmen."

Beate Göller, 17, AHS-Schülerin: „Für eine saubere Umwelt ist es wichtig, daß alle Bescheid wissen. Deshalb bin ich einer Umweltschutzgruppe beigetreten. Wir informieren die Leute, wie sie ihre Umgebung sauberhalten können."

Christian Kathke, 20, Politik-Student: „Ehrlich gesagt überhaupt nichts. Ich bin Amerikaner und studiere in Österreich. Zu Hause habe ich nie etwas von Umweltschutz gehört. Das ist sicher nicht richtig. Ich muß lernen, umzudenken."

R^2

14 This Austrian magazine asked young passers-by what they are doing to protect the environment.

a) What does René do to help?

b) What sort of cosmetics does Monika use, and why?

c) What is of special interest to Jürgen?

d) Walpurga helps in three ways – how exactly?

e) Christian says he does nothing – why?

f) How might Beate help Christian?

g) What does Stefan do for conservation?

W^2

15 Write an article for your German exchange school's magazine in which you describe how we pollute the environment every day and then suggest ways of avoiding this.

> Abfälle — Abgase — umweltschädlich — zerstören — sauberhalten — verschmutzen — verwenden — bleifrei — man könnte — man müßte — wir sollten — ich würde ....

Topic 9 · Health and Welfare

L¹

1 Listen to the following conversation at a doctor's surgery:

   1) Why has this man called at the surgery?

   2) Which day of the week is mentioned first?

   3) What day and time do they finally settle on?

   4) What advice does he get before leaving?

S¹

2 Ringing up a doctor's surgery to make an appointment.
   (Practise this role-play with a partner.)

   Praxis Dr. Riedl, guten Tag.
   (Would like to make an appointment for Thursday afternoon.)
   Ja, Moment – können Sie um 14.30 da sein?
   (Unfortunately not.)
   Wann paßt es denn?
   (If possible a little later – perhaps around 5?)
   Ja, das geht. Ein Patient hat gerade abgesagt.
   (Fine, I'll be there on time.)
   Bringen Sie bitte auch einen Krankenschein mit!
   (Yes, of course, I've got one already.)
   Gut, dann bis Donnerstag um 5.

in die Sprechstunde kommen –	*wenn's geht so um* .... –	*rechtzeitig*

L¹

3 Listen to this patient talking to the doctor about her illness.

   1) Why has Frau Berg come to see the doctor?

   2) What else is she complaining about?

   3) What does she think caused it?

   4) What does the doctor prescribe?

   5) How often should this be taken?

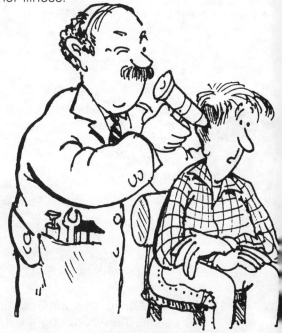

S¹

4 Talking to the doctor about the purpose of
   your visit. (Practise this role-play with a partner.)

   Guten Tag, was kann ich für Sie tun?
   (I don't feel well – my right ear hurts a lot.)
   Ja? Darf ich mal seh'n? – Ganz rot ist das hier.
   Ich geb Ihnen ein Rezept für eine gute Salbe.
   (Will it work quickly?)
   Ja, sicher.
   (Shall I come again?)
   Ja, am besten in zwei Wochen.
   (Thanks a lot.)

krank –	*rechtes Ohr* –	*wehtun* –	*bald*

5 Listen to this conversation between a doctor and her patient.

1) What is Herr Klein complaining about?

2) What does the doctor suggest as the possible cause of his illness?

3) What is Herr Klein's answer?

4) What does the doctor prescribe?

5) What other advice is the patient given?

6 Explaining to the doctor that you are feeling ill.
(Practise this role-play with a partner.)

Guten Tag, Sie kommen also aus England. Was fehlt Ihnen denn?
(Not been feeling well since Saturday.)
Und wie zeigt sich das?
(Getting a headache every day, especially in the evening – not at all hungry – could sleep all day.)
Das könnte eine Grippe sein. Viele Leute sind zur Zeit krank.
(What should I do? What do you think?)
Am besten bleiben Sie einige Tage im Bett, und ich gebe Ihnen ein Rezept mit.
(How often do I take this medicine?)
Morgens und abends je 20 Tropfen. Dann geht's sicher bald besser.

sich nicht wohlfühlen	*– besonders –*	*könnte den ganzen Tag*	*– Mittel*

7 The doctor's secretary asks you to give details of earlier illnesses, if any, and of your health insurance.
What do you tell her? Choose from the words and phrases in the box.

als .... 6 Jahre .... sehr krank .... schlimme Erkältung
.... Fieber .... oft Magenschmerzen .... Entzündung im Ohr ....
im Krankenhaus .... immer wieder zum Arzt ....
Rezept für ....
.... immer gesund, nie krank .... das erste Mal ....
hier einen Krankenschein bekommen .... Formular E111 mitgebracht

R²   **8** Look at these advertisements
and answer the questions on
the next page.

Bei festsitzendem Erkältungshusten – **Bisolvon-Linctus!**

Festsitzender Erkältungshusten äußert sich durch vermehrte Schleimbildung in den Bronchien. Das Ein- und Ausatmen ist erschwert. Bisolvon-Linctus wirkt schleimlösend und ermöglicht befreiendes Abhusten. Sie können wieder freier durchatmen. Bisolvon-Linctus ist gut verträglich – für die ganze Familie. 87 ml-Flasche: DM 7,50. 180 ml-Flasche: DM 13,85. Rezeptfrei. Ihr Apotheker berät Sie gerne.

Bisolvon-Linctus, aromatischer Hustensaft zur Hustenlösung bei allen Formen der Bronchitis. Enthält 4,7 Vol.-% Alkohol.

Nervogastrol lindert die Beschwerden, bindet die überschüssige Magensäure und schützt die Magenschleimhaut.

Nervogastrol.

Immer wenn der Magen nervt.

Gut einschlafen

natürlich
- **beruhigend**
- **entspannend**
- **rein pflanzlich**

Vivinox- Beruhigungsdragees

rein pflanzliche Wirkstoffe

Baldrian Hopfen Hafer Mistel

Bei Hals-Schmerzen

das fruchtig-frische

Lemocin®

▶ **wirkt rasch und zuverlässig**

▶ **schmeckt fruchtig-frisch nach Limonen**

▶ **zuckerfrei, daher zahnschonend**

▶ **auch für Kinder geeignet**

Das Dragée gegen Kopfschmerzen

Optalidon® N

leicht einzunehmen

rezeptfrei in Ihrer Apotheke

Parodontose
(Zahnfleischschwund,

eine **Zivilisationskrankheit!**

schleimhautschonend

Olynth bewirkt das Abschwellen der Nasenschleimhäute und befreit damit die verstopfte Nase für viele Stunden.

OLYNTH 0,1%

Lösung zum Einsprühen   10 ml

Diesem Wahrzeichen der deutschen Apotheken können Sie vertrauen!

Salviagalen

Schützen Sie sich. Pflegen Sie Ihr Zahnfleisch und Ihre Zähne mit

R²

8 The previous page has a selection of medicines available at German chemists. Make a list saying what each medicine is for and in what form it comes.

a)

Name of medicine	Sold in what form	What it is for

b) What further details are you told about the following medicines?

VIVINOX   LEMOCIN   OLYNTH   BISOLVON

_²

9 You overhear this conversation in a chemist's.

1) What does the customer want?

2) Does he get what he wants at once?

3) What is the customer pleased about?

4) What else does he decide to buy?

S²

10 At a chemist's you want to buy something for your stomach ache (or sore throat). While there you remember that you need a few other things too. What do you say?

> *etwas gegen Magenschmerzen/Halsschmerzen   –*
> *was können Sie gegen .... empfehlen   –   brauche auch noch   –*
> *Watte   –   Handcreme   –   Hustenbonbons   –*
> *Tempotücher (Papiertaschentücher)   –   Quittung bitte*

O Allgemeine Ortskrankenkasse

Telefon-Nummer

M   **F**

Zutreffende Vers.-Gruppe mit × ankreuzen

Kalendervierteljahr der Gültigkeit:

Abrechnungsstelle KVB Bezirksstelle

eine evtl. kürzere Gültigkeit ist hier zu vermerken:

Krankenschein für kassenärztliche Behandlung

Dieser Krankenschein gilt – falls nicht im oberen rechten Feld ein bestimmtes Kalendervierteljahr eingetragen ist – für das Kalendervierteljahr, in dem er ausgestellt wurde.

Zur Beachtung für den Versicherten!

Dieser Krankenschein gilt nicht für zahnärztliche Behandlung. Falls die Krankheit durch einen Unfall verursacht wurde, bitten wir um sofortige Meldung.
Bei Kassenwechsel wird der Krankenschein sofort ungültig.

Bitte tragen Sie in diesen Abschnitt Ihre Personalien (Name, Vorname und Geburtsdatum) und Ihre Anschrift ein.

Straße

Postleitzahl/Wohnort

Geburtsdatum   **Familienmitglied**

– Bitte zutreffend ankreuzen –
☐ Ehegatte   ☐ Kind

Bei Verwendung des Krankenscheines für einen Familienangehörigen (Ehegatte oder Kind) bitte die Nr. 7 der Hinweise auf dem Merkblatt beachten.

Familienname   Vorname   Geburtsdatum

Bitte geben Sie den Namen und den Betriebssitz Ihres Arbeitgebers an.

Arbeitgeber: bin
Ich bestätige, daß ich Mitglied der AOK

Der Krankenschein ist hier vor der Abgabe an den Arzt vom Mitglied zu unterschreiben und mit dem Ausstellungsdatum zu versehen.

Tag der Ausstellung   Unterschrift des Mitgliedes
III/7 e   10. 82   100 000

R[2] **11** You have got a bad headache and find these two boxes of pills in the cupboard.
Which of them should you take? How often should you take them? How many at a time?
What else are they for?

Gute Besserung
wünscht Bayer

Allgemeine Angaben: ASPIRIN ist ein in aller Welt anerkanntes, gut verträgliches Hausmittel gegen Schmerzen, insbesondere Kopfschmerzen; Fieber und Entzündungen.
Schmerzen, Fieber und Entzündungen sind natürliche Reaktionen auf innere Störungen oder auf äußere Reize und Einflüsse. Die wichtigsten körpereigenen Stoffe, die diese Reaktionen fördern und verstärken, heißen Prostaglandine.
Durch ASPIRIN wird eine übermäßige Bildung der Prostaglandine wirkungsvoll gehemmt, gleichzeitig verringert ASPIRIN die Schmerzempfindlichkeit. Dank dieser Doppelwirkung hilft ASPIRIN zuverlässig gegen Schmerzen, Fieber und Entzündungen.

Darreichungsform und Packungsgrößen: Schachteln mit 20, 50 und 100 Tabletten.

Gebrauchsinformation

ASPIRIN®

Zusammensetzung: 1 Tablette enthält: 0,5 g Acetylsalicylsäure.
Anwendungsgebiete: Leichte bis mittelstarke Schmerzen, z.B. Kopfschmerzen, Zahn- und Regelschmerzen, Entzündungen; Fieber, auch bei Erkältungskrankheiten.
Hinweis: ASPIRIN soll längere Zeit oder in höheren Dosen nicht ohne Befragen des Arztes angewandt werden.

Gegenanzeigen: ASPIRIN darf nicht angewandt werden bei Magen- und Zwölffingerdarmgeschwüren oder bei krankhaft erhöhter Blutungsneigung.

Dosierung: Soweit nicht anders verordnet,

	Erwachsene	**Kinder ab 5 bis 9 Jahren**
Einzeldosis	1–2 Tabletten	½ Tablette
Tagesdosis	bis 6 Tabletten	bis 1 ½ Tabletten

Art der Anwendung: Die Tabletten werden – in Wasser zerfallen – möglichst nach dem Essen eingenommen. Es wird empfohlen, etwa ein halbes Glas Flüssigkeit nachzutrinken.

Arzneimittel für Kinder unzugänglich aufbewahren!

Gebrauchsinformation, sorgfältig lesen!

Dr. Karl Thomae GmbH, 7950 Biberach an der Riss

Thomapyrin® Schmerztabletten

Zusammensetzung
1 Tablette enthält:
Acetylsalicylsäure 0,25 g
Paracetamol 0,20 g
Coffein 0,05 g

Anwendungsgebiete
Schmerzen, z. B. Kopf-, Zahn-, Regelschmerzen, Neuralgien (Nervenschmerzen), akute Migräneanfälle, Entzündungen, Fieber, auch bei Erkältungskrankheiten.
Zur Beachtung: Thomapyrin Schmerztabletten sollen längere Zeit oder in höheren Dosen nicht ohne Befragen des Arztes angewendet werden.

Gegenanzeigen
Thomapyrin Schmerztabletten dürfen nicht angewendet werden bei Magen- und Zwölffingerdarmgeschwüren, krankhaft erhöhter Blutungsneigung, bei Lebererkrankungen sowie Paracetamol-Überempfindlichkeit.

Dosierungsanleitung, Art der Anwendung
Soweit nicht anders verordnet, nehmen Erwachsene 1 – 2 Tabletten bis zu 3 × täglich, Kinder zwischen 6 und 14 Jahren ½ – 1 Tablette, über 14 Jahre Erwachsenendosis.

Arzneimittel unzugänglich für Kinder aufbewahren

Darreichungsform und Packungsgrößen
Originalpackungen mit 10 (N 1) und 20 (N 2) Tabletten, Klinikpackungen

12 Listen to these three people giving accounts of recent accidents.
Fill in the information in the grid.

	Where/When did it happen?	Injury	Other details
Accident 1			
Accident 2			

S² **13** You have just had a phone call from home saying that your brother has broken his leg.
Tell your German hosts what happened.

> *etwas Schlimmes – passieren – Pech haben – als er –
> plötzlich – Bein brechen – hinfallen – schrecklich – wehtun
> – laut schreien – nicht mehr – können – zum Arzt – helfen
> – vorsichtig nach Hause – nicht ins Krankenhaus*

W² **14** Write a letter about an unfortunate school trip during which several of your classmates
became ill.

> *Schlimme Erkältung – schrecklicher Durchfall –
> Finger gebrochen – Lungenentzündung mit Fieber*

Neuseel. Lammfleisch
vom Vorderviertel, mit Knochen –
aufgetaut
sofort
verbrauchen
1000 g
6.99

Biff
Badezimmerreiniger
500 ml Dose
2.99

Frische Eier	**Die co op Marke »Tiko« Suppengemüse**	**»Mc Cain« 1-2-3 Golden Longs**	**»Langnese« Royal**
Güteklasse A Gewichtsklasse 3	8 gartenfrische Gemüsesorten küchenfertig, tiefgefroren, 450 g-Packg.	extra dünne Pommes frites, backofenfertig tiefgefroren, 450 g-Beutel statt 1.99	Jamaica, Tahiti Schwarzwald oder Schönbrunn, leckere Eiskremspezialität 500 ml-Packung
10 Stück-Packung			
1.59	**1.29**	**1.69**	**2.49**

Weißer Riese
Waschmittel
10 kg
Trommel
23,98

Colgate
Zahncreme, verschiedene Sorten
oder **Dentagard**
Zahncreme
je 75-ml-Familien-Tube

LUX
Seife
150-g-Badestück
-.79

Holländischer Porree
Klasse I
1 kg
1.79

Franz. Blumenkohl
Kl. I, große Köpfe
Stück
2.79

GARANTIERT frisch

oder **Schweinebraten Schweinerollbraten**
aus der Schulter, fettarm
beschnitten, ein saftiger Braten
je 1 kg
4,99

R¹ **1** What is Tiko Suppengemüse? – What types of meat are advertised here? – Which product would you use to clean the sink? – Which vegetables are advertised? – What exactly are McCain Golden Longs? – How much are eggs?

2 In Germany you are going round the town with your penfriend. You overhear the following conversations. Listen and answer the questions below.

A) **At the Market**

1) Can you get lemons on this stall?

2) How much are apples today?

3) How much does this customer spend altogether?

B) **At the Baker's**

1) If you want rolls from this shop what do you have to do?

2) What sorts of fruit tarts have they got?

3) How much does the customer spend?

3 Your penfriend's mother has given you this shopping list and asked you to go round the corner to the local small shops. What do you say in each shop? Practise the dialogues with your partner.

Fischstäbchen
Eiskreme 1 Liter
Saft
Äpfel (Kilo)
Tomaten (Pfund)
Geschirrspülmittel
Honig

Haben Sie .... ?   Ich hätte gern ....
Was kosten .... ?   Ja, die nehme ich.
Geben Sie mir bitte ....

Bitte schön?   Was darf es sein?
Die große oder die kleine .... ?
Tut mir leid ....
Sonst noch etwas?   Macht
zusammen ....

4 Make your own list of items for a party.
What amounts and what containers would you ask for?

e.g. Zehn Flaschen Cola

Eine große Packung Chips

ein halbes Kilo   eine Schachtel
eine Dose   eine Tüte   ein Glas
250 Gramm   –   im Stück/in Scheiben
eine Tafel ein Stück ein Päckchen etc.

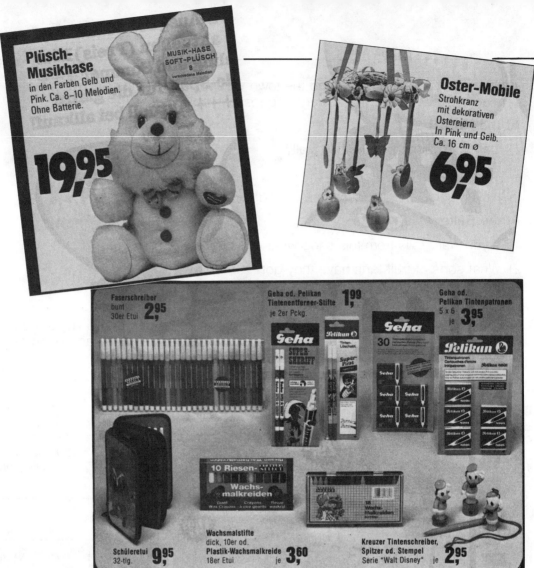

Plüsch-Musikhase in den Farben Gelb und Pink. Ca. 8–10 Melodien. Ohne Batterie. **19,95**

MUSIK-HASE SOFT-PLÜSCH 8 verschiedene Melodien

Oster-Mobile Strohkranz mit dekorativen Ostereiern. In Pink und Gelb. Ca. 16 cm ø **6,95**

Faserschreiber bunt 30er Etui **2,95**

Geha od. Pelikan Tintenentferner-Stifte je 2er Pckg. **1,99**

Geha od. Pelikan Tintenpatronen 5 x 6 je **3,95**

10 Riesen- **Wachsmalkreiden**

Schüleretui 32-tlg. **9,95**

Wachsmalstifte dick, 10er od. Plastik-Wachsmalkreide 18er Etui je **3,60**

Kreuzer Tintenschreiber, Spitzer od. Stempel Serie "Walt Disney" je **2,95**

R¹ **5** Any of these items might make a nice present for a younger brother or sister. What exactly are they all?

R² **6** This knife looks useful!

- what guarantees of its quality are given?
- how do you know it's the real thing?
- what are you told about the functions of the blades?

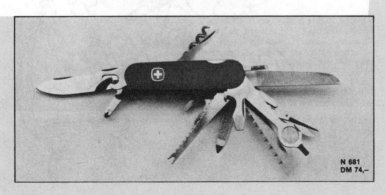

N 681
DM 74,–

Schweizer Offiziersmesser

Echte Schweizer Offiziersmesser Marke Wenger haben Tradition. Früher wurden sie in handwerklicher Arbeit, – heute im hochmechanisierten Industriebetrieb hergestellt.

In der ganzen Welt sind sie als Schweizer Qualitätserzeugnis bekannt. Klingen und Federn sind garantiert rostfrei und hochglanzpoliert. Die Klingen werden aus schnitthaltigem Spezialstahl gefertigt. Jedes Messer hat 5 Jahre Garantie.

Echte Schweizer Offiziersmesser erkennt man an dem Armbrustzeichen auf der Klinge und dem Stempel Switzerland.

Die Messer gibt es mit 3–15 Klingen. Viele haben verschiedene Funktionen, wie: Fischschupper mit Angelhaken kombiniert oder Kapselheber mit stabilem Schraubenzieher.

Übrigens: Als Geschenk sind solche Messer immer willkommen!

7 Listen to these three people asking for information about shops. Fill in a grid:

Type of shop	Directions given	Other information

8 Here are four short conversations overheard in a department store. Note the following information:

Which department is asked for?	Where is it?	Additional information?

9 You are looking for presents to take home with you. Inside a large department store you see this store guide:

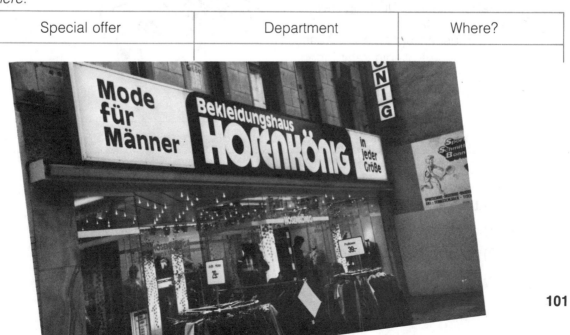

Erdgeschoß

Bücher
Foto/Optik
Handschuhe Strümpfe
Parfümerie
Süßwaren
Schirme
Schmuck/Uhren
Schreibwaren
Bürotechnik
Geschenkartikel
Beleuchtung
Glas/Porzellan

1 Obergeschoß

Autozubehör
Haushaltswaren
Teppiche
Bettwaren
Gardinen
Haushaltswäsche

2 Obergeschoß

Lederwaren
Kurzwaren
Damenwäsche
Modewaren
Herrenartikel
Rundfunk/Fernsehen
Schallplatten
Heimcomputer

Which floors should you go to in order to find:

a) a leather purse?

b) a beer mug?

c) a record?

d) household goods?

e) ear-rings?

f) chocolates?

10 In another big store you hear these announcements. Note down *what* is on offer and *where*.

Special offer	Department	Where?

L¹

11 Overheard in a shoe-shop:

A) 1) What colour shoes does this customer want?

2) What is the problem with the first pair she tries on?

3) How much does she pay for the shoes?

B) 1) What is the customer's worry about these sandals?

2) Why does the assistant specially recommend them?

3) What else does the assistant offer him?

4) Why does he not want these things?

S¹

12 Buying Jeans

Practise this role-play with a partner:

Bitte schön?
(These jeans in black, size 38?)
Ich schau mal—ja, haben wir.
(Try them on?)
Ja, selbstverständlich. Die Kabine ist da drüben.
(I like them but they're too big.)
Dann brauchen Sie eine Nummer kleiner.
(They're better. Price?)
85DM
(I'll take them.

anprobieren ...   die nehme ich ...

S²

13 Taking things back!

Practise this with a partner:

Kann ich Ihnen helfen?
(I bought these shoes a week ago, but the left one has a hole in it already.)
Darf ich mal sehen? ....
Oh, Sie haben recht. Das tut mir furchtbar leid.
Möchten Sie ein anderes Paar haben?
(No, money back.)
Da muß ich meinen Kollegen fragen .... Ja, das geht.
Haben Sie Ihre Quittung da?
(Yes, here it is.)
Dann gehen Sie bitte zur Kasse, und meine Kollegin zahlt Ihnen Ihr Geld aus.
(Thank you very much.)

vor einer Woche .... ein Loch .... Geld wieder haben

L¹

14 In the camera shop

1) When did the customer buy her camera?

2) What is she complaining about?

3) What was in fact wrong?

15 You see this fashion feature in
an old copy of the magazine
"Bravo". How different are these
clothes from what young people
are wearing now?
What details can you give
about:

a) the jeans jacket?

b) the mini-skirt?

c) the anorak?

d) the dress?

JEANS mit Pfiff!

BRAVO-MODE-TIP

MOONWASH
In dem extrem gebleichten
Denim sieht der Mini
(Rifle, DM 75) total heiß aus.
Kurze Lederjacke im Military-
Stil (DM 589) und dicker Strick-
Rolli (DM 129, bei-
des Die Muschel)

JEANS-PÄRCHEN
Sein Anorak mit teilbarer
Eskimo-Kapuze hat ein
gelbes Satin-Futter
(Kaltenbach, DM 198).
Das Messer in der
Hosentasche (Foto
unten) wird bei
seiner Jeans mitgeliefert
(Diesel, DM 179). Mit
Cord belegt ist der
Kragen ihrer gebleichten
Jeansjacke (Wöhrl, DM
209, Hose: Levi's, DM 119)

JEANS-KLEID
Sieht aus wie Weste
und Mini, ist aber ein
Teil (Mustang,
DM 150). Das ärmel-
lose Kleid in aktueller
Moonwash-Optik
wird bis zur Taille
geknöpft. Lustig mit
einem geringelten
Kapuzenshirt
drunter (Esprit,
DM 119, Rolli DM 59)
und derben Cowboy-
Boots (Buffalo,
DM 269)

JEANS-STYLE

Die Idee kommt aus Amerika — und bei diesem Modegag kannst Du mit Phantasie Dein ganz persönliches Outfit kreieren (großes Foto). Du brauchst: Eine alte Jeansjacke mit passendem Rock und jede Menge witzige Accessoires, wie Patches, Ketten, Plastikscheren, Wäscheklammern, Anstecker und vieles mehr (siehe Foto unten). Solche Kleinigkeiten bekommst Du in jedem Kaufhaus für ein paar Mark. Und so geht's: Deinen Lieblings-Krimskrams, wie hier im Foto links, einfach aufnähen (die Teddys gibt's im Spielzeugladen ab 10 Mark). Die Buchstaben (Kaufhaus ab 5 Mark) werden aufgebügelt. Noch ein Tip: Die Sachen erst lose auflegen, damit Du siehst, wohin sie am besten passen — dann erst festnähen!

R^2

16 Your German friend asks you for your opinion of this latest idea from America.

– What exactly is the idea?

– What suggestions are made?

– What do you think of the idea?

R^1

17 While you and your family are staying in Germany over Christmas it is discovered that your host's 11 year old son needs new winter shoes or boots. His size is 36. Which of these might be suitable?
Describe the possible choices in detail.

DIXI
Stiefel Parade

Aktuelle Herren-Alabama-Stiefel, Obermaterial: Rindbox-Leder, Warmfutter, Farben: Schwarz, Bordeaux, Grau, Gr. 41 – 46 **39.**⁵⁰

Herren-Reißverschluß-Stiefel, weiches, geschmeidiges Leder, Warmfutter, aktuelle Profilsohle, Farbe: Schwarz, Gr. 40 – 46 **59.**⁵⁰

Burschen-Stiefel, Obermaterial weiches Leder, Warmfutter, TR-Sohle, Innenreißverschluß, Farben: Braun, Blau, Blau/Grau, Größen: 31 – 39 . . . . **49.**⁵⁰

Aktueller Kinder-Schlupfstiefel, Obermaterial: weiches Nappaleder, Warmfutter, Innenreißverschluß, TR-Sohle, Farbe: Grau, Größen: 31 – 39 **49.**⁵⁰

Modische Kinder-Stiefel, geschmeidiges Nappaleder, Warmfutter, TR-Sohle, Farben: Blau, Grau, Gr. 31 – 39 **49.**⁵⁰

Kinder-Stiefel, geschmeidiges Nappaleder, Warmfutter, Farbe: Blau, Größen: 23 – 30 **34.**⁵⁰

18 This information about where to shop in Berlin is given in a booklet entitled "Berlin für junge Leute".

a) What is special about the "KaDeWe" (Kaufhaus des Westens)?

b) What could you do in order to find the shops which sell the sort of clothes you like?

c) Where can you find big stores in Berlin?

d) Where could you try for some interesting bargains?

e) Which places are recommended if the weather is bad?

DER TOTALE KONSUMTRIP

Bei uns gibt's nichts, was es nicht gibt, zumindest mehr als anderswo. Das KaDeWe am Wittenbergplatz ist das größte Kaufhaus des Kontinents. Ein Pflichtprogramm für Shopping-Freaks. Die Lebensmittelabteilung kann man getrost als Sehenswürdigkeit einstufen. Was davon zu halten ist, bleibt Geschmackssache. Von »faszinierend« bis »dekadent« sind alle Meinungen möglich und erlaubt.

Ansonsten gilt hier wie überall: Gewußt wo? Modisches von elegant bis ausgeflippt entdeckt man am besten so: In der Disco oder Kneipe die fragen, die das tragen, was man selbst gern hätte. Das bringt garantiert die heißesten Tips und nebenbei die besten Kontakte.

Haupteinkaufsmeile der Berliner ist die Tauentzienstraße zwischen Gedächtniskirche und Wittenbergplatz. Kleine und feine Geschäfte aller Art drängeln sich auf dem Ku'damm und in allen Nebenstraßen bis etwa zum Olivaer Platz. Aber auch die Berliner Bezirke, die ja alle Großstädte für sich sind, haben eigene Einkaufszentren mit großen Kaufhäusern und Geschäften aller Art. Z. B.: Schloßstraße in Steglitz, Wilmersdorfer Str. und Kantstraße in Charlottenburg, Karl-Marx-Straße in Neukölln, Turmstraße und Alt-Moabit in Tiergarten, Berliner Straße und Tegel-Center in Reinickendorf und die Altstadt in Spandau.

Wenn's regnet, aber nicht nur dann, empfehlen sich die folgenden Einkaufs- und Bummelparadiese:
– das Europa-Center an der Gedächtniskirche,
– das Kudamm-Karree (zwischen Uhland- und Knesebeckstr.),
– das Forum Steglitz (am Walther-Schreiber-Platz).

Sehens-, erlebens- und besuchenswert sind auch die zahlreichen **Wochenmärkte** in allen Stadtteilen. Drei schöne Beispiele: der Markt auf dem Winterfeldtplatz im Bezirk Schöneberg (Mi und Sa vormittags; wegen Umbau des Platzes zeitweise Verlegung), der Markt am Maybachufer im Bezirk Neukölln (an der Grenze zu Kreuzberg – Mo, Di vormittags, Fr nachmittags) und der Markt auf dem Kranoldplatz in Lichterfelde (Mi, Sa vormittags).

19 Your penfriend's parents will be visiting you at Easter and want to know about shopping centres near where you live. Describe the stores, facilities, opening times etc. in a short note.

20 Your local council and the council of your twin town in Germany are running a competition to promote more contacts and visits. Design an advertisement for the local newspaper in Germany in which you describe your home town as a shoppers' paradise.
You may stretch the truth a little if necessary!

21 Listen to these advertisements on the radio.

1) While listening to the tape for the first time note down what products are advertised. Choose from this list.

butter	*– cat food*	*– chocolates*	*– shoes*	*– women's magazine*
– lottery	*– Black Forest Tourist Board*		*– yoghourt*	*– road map*
– foot care products	*– TV and Hi-fi*	*– record*	*– crispbread*	
– lavatory cleaner	*– beer*	*– yellow pages*	*– telephone*	
– car-leasing (hire)	*– dog snacks*	*– mineral water*	*– sauce mix*	

2) Now listen again and note any descriptions or special claims about the products.

3) How do the advertisers make their products attractive? Note down any key words, catch phrases or special effects.

R¹ **1** Look at the descriptions of these hamburgers. Could you explain to your friend exactly what each one contains?

W¹ **2** Using these ingredients (and others too if you like) design your own ideal hamburger!

¹ **3** Listen to these ten people talking about their favourite food. Note down what they like.

¹ **4** Now listen to some of them talking about their eating habits. Note down what they usually have for breakfast, lunch and evening meal.

S¹ **5** Ask your friends about their likes, dislikes and eating habits.

Was	ißt du trinkst du	gern? am liebsten? zum Frühstück? zu Mittag? zum Abendessen?	Brathähnchen? Würstchen? Pommes? Cola? Saft?

S¹W¹ **6** Discuss this in groups. Write up the results in German and report back to the class.

Restaurants

7 A big city such as Berlin has restaurants specialising in food from all over the world. Your German hosts suggest trying one. You have found this page of advertisements in the tourist guide. Suggest some suitable restaurants in the following situations:

a) Your friend is a vegetarian.

b) You like seafood.

c) Your friend likes food which is really spicy.

d) Your friend would like to go to a foreign restaurant but doesn't want food which is *too* different from German food.

e) It would be nice to go somewhere with live music.

f) How about somewhere really unusual – neither European nor Oriental?

Restaurant	Address	Tel. No.

8 Your German friends ask you about eating out back home.

Gibt es auch bei dir solche Restaurants?

Ißt du gern italienisch, indisch usw?

Was kann man in solchen Restaurants essen?

> *scharf (z.B. Curry!), gewürzt, zu .... , alles mit .... , zu teuer   –   schmeckt gut / schmeckt mir nicht.*

9 A simple recipe from Austria

Explain it to your friend.

WIENER BACKHENDL

Ausgenommene junge Hühnchen innen und außen waschen,

in 2 oder 4 Teile tranchieren.

Nach dem Abtrocknen in Mehl, zerklopftem Ei und Semmelbröseln wenden.

Leicht abklopfen

und in siedendem Fett Schwimmend goldgelb oder hellbraun backen.

Gleich servieren. Dazu Kartoffel- und Kopfsalat reichen.

Party food

Schokoladenfondue

Zutaten für 12 Portionen	Zubereitung
1 Tafel Schokolade 2 Eßlöffel Kakao 1 Prise Salz 2 EL Zucker ½ Liter Milch ⅛ Liter Schlag-sahne 1 Kokosnuß 500 Gramm Früchte (z.B. Pflaumen) ½ Pfund Erdbeeren ½ Pfund Wein-trauben 2 Tüten Wein-gummikirschen	Die Schokolade raffeln. Mit Kakao, Salz, Zucker und Milch in einem Topf bei wenig Hitze zum Kochen bringen, dabei ständig umrühren. Sahne in die Soße rühren, einmal aufkochen lassen, kaltstellen. Die Kokosnuß in dreieckige Stücke schneiden. Die Pflaumen waschen und in Stücke schneiden. Erdbee-ren und Weintrauben waschen. Die kalte Schokoladensauce in eine Schüssel füllen und in die Mitte des Tisches stellen. Die Pflaumen, Wein-trauben und Weingummikirschen um die Schüssel herumlegen. Jeder steckt das Obst, das er gern mag, auf einen Holzspieß und taucht es in die Schokoladensauce. Zubereitungszeit: 50 Minuten

This impressive but strange-looking dish is popular at parties — especially with young people who like sweet things.

R¹ **10** Your friend is not sure she wants to try it. Can you tell her *what* it contains?

R² **11** Now explain *how* it is made.

At Table

L¹ **12** What are the other guests at the table saying to you?

S¹ **13** Respond by using one of these phrases (or in your own words if you prefer.)

> *Danke, ich hab schon. Ja, bitte. Bitte. Ja, gern. Danke. Ja, sicher. Aber natürlich. Das reicht. Nur ein bißchen. Mit/ohne. Nein, danke. Ja, ja. Ja, hier. Ich kann nicht mehr.*

Snacks

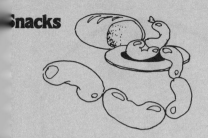

...ockwurst mit Brot	DM	4,20
...kante Gulaschsuppe mit Brot	DM	4,60
...rtion Kartoffelsalat	DM	2,30
...ANDWICH belegt mit:		
...äse oder Ei und Tomate		
...der Salami oder Schinken		
...der Schinken und Käse	Je Stck. DM	4,20
...roßer bunter Salat		
...it Kräuterdressing	DM	4,80
...aniertes Schweinekotelett (kalt)		
...it Kartoffelsalat	DM	9,60
...asselerrücken (kalt) mit Krautsalat	DM	9,20
...atjesfilet im Steintopf und Brot	DM	10,90

= mit Farbstoff
= geschwefelt
= chininhaltig

Warme Getränke

Kännchen Kaffee	DM	4,90
oder coffeinfreier Kaffee		
Tasse Kaffee	DM	2,60
Kännchen Tee	DM	4,70

Alkoholfreie Getränke

Perrier Mineralwasser	0,2 l	DM	2,90
Apfelsaft	0,2 l	DM	2,30
Orangensaft	0,2 l	DM	3,80
Tomatensaft	0,2 l	DM	3,80
Dr. Koch's Trink 10	0,2 l	DM	4,50
Schwarzer Johannisbeersaft	0,2 l	DM	4,20
Apollinaris	0,25 l	DM	2,90
Tonic Water⁶	0,2 l	DM	3,20
Bitter Lemon⁶	0,2 l	DM	3,20
Coca Cola coffeinhaltig	0,2 l	DM	2,30
Fanta	0,2 l	DM	2,30
Milch	Gl. 0,2 l	DM	1,90

Wein / Sekt

Winzer Schorle	Fl. 0,25 l	DM	4,00
Rheinwein	Gl. 0,2 l	DM	5,20
Französischer Weißwein			
Blanc de Blanc	Gl. 0,2 l	DM	5,20
Französischer Rotwein	Gl. 0,2 l	DM	5,20
Mumm Mini dry	Fl. 0,2 l	DM	10,--
Mumm Selection Lufthansa			
Party Service	Fl. 0,75 l	DM	29,90

Alle Preise sind Endpreise

Biere

Schultheiss Pils vom Faß	0,3 l	DM	4,20
Schultheiss Silberhals	0,33 l	DM	4,20
Schlösser Alt	0,33 l	DM	4,20
Berliner Weiße mit Himbeer⁶	0,33 l	DM	4,20

Spirituosen

Apfelkorn Hardenberg	2 cl	DM	2,80
Bols Prinzenkirsch	2 cl	DM	3,20
Doornkaat	2 cl	DM	3,30
Malteser Kreuz	2 cl	DM	3,30
Wodka Rogoschin	2 cl	DM	3,30
Wodka Moskowskaja	2 cl	DM	3,60
Gordon's Gin	2 cl	DM	3,30
Rum Bacardi	2 cl	DM	3,30
Pott Rum	4 cl	DM	5,--
Bols Alter Weinbrand	2 cl	DM	3,30
Cognac Remy Martin	2 cl	DM	5,60
Scotch Ballantine's incl. Soda	4 cl	DM	7,20
Bourbon Old Crow incl. Soda	4 cl	DM	7,20
Sherry medium dry	4 cl	DM	4,20
Cinzano weiß, rot, dry	4 cl	DM	3,90
Campari⁶ mit Soda	4 cl	DM	6,70
Jägermeister	2 cl	DM	3,30
Underberg	Fl. 2 cl	DM	3,90
Fernet Branca	Fl. 2 cl	DM	3,90

R¹

14 You have arranged to meet your friends at the airport snack bar. You are hungry and thirsty but everything seems rather expensive:

a) You have only DM7 – what will you order to eat and drink?

b) Your friend wants something hot – what will he choose?

c) Another friend is a vegetarian – what could she have?

SNACK-BAR

„Zum Treffpunkt"

S¹

15 Now order what you have chosen.

At the Cafe

S²

16 You have just had a cake and a cup of coffee at the Cafe-Krone. Your friend had an apple juice and nothing to eat.
The waitress left this bill on the table and you take it to the cash desk to pay.
Then you notice that she has given you the wrong bill. What do you say?

R¹ **17** You are taking a trip on the Rhine with your friends. The restaurant on board has some interesting ice-creams.

a) Which one would you choose? (Describe it as exactly as you can).

b) Which might be suitable for your pen-friend's little brother?

S¹ **18** Ask the waiter if they have other flavours also (Haselnuß, Himbeer, Erdbeer, Pistazien, . . .) and then order for yourself, your penfriend and his brother.

> *Haben Sie .... ?*   *Wir nehmen ....*   *Ich möchte gern ....*

L¹ **19** What are the people at the next table going to order? Listen to what they say.

Haben Sie heute schon Ihr Brinkhoffs N°1 bestellt!

Bierstüben Wielers
Wolfgang und Gerda Deckenbrock · Spiekerhof 47
(Am Kiepenkerldenkmal) · Tel. 4 34 16 · Montags Ruhetag

22. + 23. August

Suppen: Lauchcremesuppe 4,50
                Ungarische Goulaschsuppe 5,00

UNSERE EMPFEHLUNG HEUTE !		
Bunter Salatcoctail mit Käse- und Schinkenstreifen 9,25	STIELMUS - EINTOPF mit Bratwurst	9,25
Dicke Bohnen mit Kasseler und ger. Speck, Salzkartoffeln ... 13,25	1/2 Wildente mit Ananaskraut und Rahmpüree	19,75

Münsterisches Töttchen mit Brot 7,00

Deutsches Beefsteak
    mit Spiegelei, grünem Salat und Bratkartoffeln 9,75
Zigeunerschnitzel
    mit pommes frites 12,50
Geschmorte Schweinehaxe
    mit gemischtem Salat und Bratkartoffeln 14,75
Schweineschnitzel "Wiener Art"
    mit Spiegelei, grünem Salat und pommes firtes 15,00
Schweinesteak "Princess"
    mit Erbsen, Spargel und Sc. hollandaise, pommes frites 18,00
Rumpsteak "Hofmeister Art"
    mit Kräuterbutter, gemischtem Salat und pommes frites 24,50
Filetsteak mit geschmorten Champignons
    gemischtem Salat und pommes frites 28,00

Fisch

Matjesfilet "garniert"
    mit grünen Speckbohnen und Salzkartoffeln 13,50
Rotbarschfilet "Müllerin"
    mit grünem Salat und Salzkartoffeln 14,00
Forelle "blau"
    mit zerl. Butter, grünem Salat und Salzkartoffeln 16,00
Forelle in brauner Mandelbutter
    mit grünem Salat und Salzkartoffeln 16,25
Forelle "Gutsherren Art"
    gefüllt m. einer Duxelles aus Schinkn u. Pilzen, mit grünem Salat
    und Salzkartoffeln 16,75

Dessert   TASSE ESPRESSO 2,50   TASSE CAPPUCINO 3,00
          Schokoladen-Eiscreme m. Birne und Likör, Sahne 2,50

Wie wäre es mit einem Obstlag?
Wodka m. Feige
Calvados m. Apfel   3.30
Williams m. Birne   4.30
                 3.75

R¹ **20** This menu is outside a nice-looking restaurant. Some of the items look rather expensive but you don't want to spend more than about 15 marks for your meal and drink. What could you have?

L¹ **21**

a) You and your friend enter the restaurant immediately behind a group of people and overhear their conversation with the waiter. You are in a hurry. Will you have to wait?

b) Why doesn't the waiter take this order from a nearby table?

c) What are these people next to you ordering?

d)   i) What did these people have to eat?
    ii) What did they have to drink?
    iii) How much do they pay?

S¹ **22** Now order for yourself and your friend.

> *Bringen Sie mir ....   Bitte ....   Ich hätte gern ....*

23 Overheard in a restaurant

a) What do these customers choose and *why*?

b) Why does this customer have to pay more than he expected?

c) Your host is asking the waiter to explain three items on the menu. Which one would you choose and what would you expect to get?

24 The Möwenpick restaurant advertises Brunch as something for all the family.

a) What happens at this restaurant? How is it organised?

b) Why do they say it is a good idea for everyone?

25 Write a note to your friend suggesting a visit to this restaurant next Sunday and saying why you think it would be good.

Vorsicht – zu viele Kalorien!

Kalorientabelle
(für jeweils 100 g, wenn kein anderes Gewicht genannt ist)

	kcal		kcal
Brot/Backwaren		Käse	300–400
1 Brötchen	110	Kartoffeln	85
Kuchen	400–500	Bratkartoffeln	170
Fett und Öl		Pommes Frites	525
1 Teelöffel Butter	80	Milch (produkte)	
1 Eßlöffel Öl	90	Vollmilch	170
Fisch		Eiscreme	200
Forelle	50	Obst	
Ölsardinen	250	Apfel, 150g	70
Fleisch	210–270	Birne, 150g	80
½ Brathähnchen	350	Suppen/Soßen	
Gemüse		Fleischbrühe (¼ l)	20
Salat	15	Soße (Dose)	20
Zwiebeln	40	Wurst	
Getränke (¼ Liter)		Bratwurst	375
Apfelsaft	120	Leberwurst	400
Dose Cola	90	Würstchen	250
Bier (½ l)	225	Zucker/süße Sachen	
Wein	75	1 Teelöffel Zucker	20
Kaffee	0	1 Eßlöffel Marmelade	50
Mineralwasser	0	Schokolade	560
Schnaps (0.2 cl)	50		

R¹   **26** You have found this calorie chart in a magazine. Which of the foods mentioned should you avoid if you want to lose weight?

W¹   **27** About how many calories does *your* normal daily diet contain? Make a list in German of what you would normally eat in a day and estimate the number of calories.

Wie, viele Kilokalorien braucht ein Erwachsener am Tag?
– Bei schwerer körperlicher Arbeit (Bauer, Bauarbeiter, Briefträger): 3 000 Kilokalorien (kcal).
– Bei anderer Arbeit (Büroangestellter, Lehrer, Professor): 2 100–2 500 kcal.

R²   **28** These four colleagues in a German firm tried a slimming diet for six weeks. They told a reporter from the local newspaper how it went.
Summarise their reactions to the diet.

Gabriele Permer (45), Verkäuferin
"Ich wollte 25 Pfund abnehmen. Anfangs ging's ja auch ganz gut, aber dann sehr langsam. Ich habe jetzt 10 Pfund abgenommen und fühle mich wohl. Ich esse jetzt viel Salat, Obst und Fisch."

Carsten Peters (39), Abteilungsleiter
"Wenn Sie mich fragen: Das ist doch alles Unsinn! Ich war die ganze Zeit nervös und schwach! Da soll man rohes Gemüse und so Zeug essen! Mein Grundsatz: Gut essen hält gesund – *nicht* abnehmen!"

Margret Lucas (22), Angestellte
"Nach dem Urlaub hat mir mein Bikini nicht mehr gepaßt! Während der Kur habe ich 15 Pfund abgenommen! Die Mühe hat sich wirklich gelohnt!"

Jürgen Nase (48), Direktor
"Ich habe auch mitgemacht – es hat nichts genutzt! Ich esse jetzt wieder ganz normal. Man muß sportlich leben und ein bißchen auf das Gewicht achten, dann geht's auch ohne Schlankheitskur!"

W²   **29** Your pen-friend who has recently visited England says that the English have a very unhealthy diet. Write a reply to her giving your own opinion.
You could describe your own and your friends' eating habits.

Topic 12 · Services

Post Office/Telephone

R¹   **1 Which counter?**

– to buy stamps for letters and cards?
– to send a parcel?
– to send a telegram?

S¹   **3 Buying stamps**

What do you say?
(Work with a partner).

a) You want to send a letter to England.

b) You have three postcards to send home.

c) You want two sixty Pfennig stamps and one eighty Pfennig stamp.

d) You would like to send a postcard to your friend in Dortmund.

> *Bitte, was kostet .... ?   Zwei Briefmarken zu ....*
> *Ich möchte .... schicken.*
> *Macht .... Mark und ....*
> *Pfennig.*

L¹   **2 What are these five people saying?**

	Letter/ card	To:	Cost per item
(1)			

4 The German Federal Post (Deutsche Bundespost) has leaflets for young people showing how to address a letter properly.
How is it different from the way we do it?

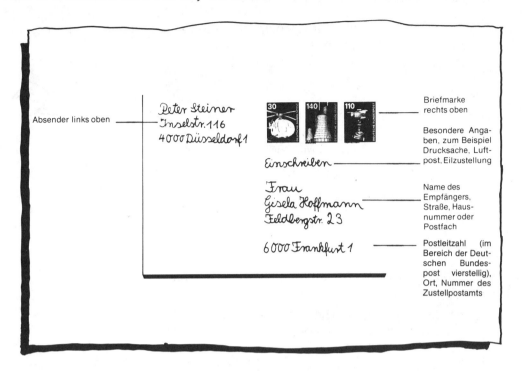

5 Parcels

a) Apart from putting the full address on a parcel what else does the post office ask you to do?

b) When you take your parcel to the post office you are asked to fill in a form like this. What is it and what information do you have to give?

L¹

6 While you are on a school journey to Germany the coach breaks down near a small town. The driver needs to telephone for help. A passer-by tells you where to find a telephone. Pass on the instructions to the coach driver.

L¹

7 When you are staying with your German friend there is a 'phone call for her. You cannot help overhearing what she says.

1) What is the call about?

2) Who is calling?

3) What is your friend's reaction to the call?

L¹

8 One evening when your friend Michael is out the phone rings:

1) What message must you pass on?

2) What number must he phone?

L¹

9 On arriving at the station you ring up your German friends to tell them you have arrived. What instructions are you given?

S¹

10 Ring up your friend's house and ask to speak to him. (Work with your partner).

– Suggest going out somewhere.
– Agree a place and time to meet.

> *Hier* ....   *Kann ich bitte* .... *sprechen?*
> *Hallo.   Am Apparat.   Gehen wir* .... ?   *Wann?*
> *Wo treffen wir uns?   Ich weiß nicht.   OK bis* ....
> *(Auf) Wiederhören.   Tschüs!*

S²

11 Later on you discover that you have to visit another friend who is ill. When you telephone your first friend he is out. Leave a message explaining the problem and asking him to ring you.

> *Sagen Sie bitte* .... *er soll* ....

L²

12 One Saturday morning when the whole family is out there are *six* 'phone calls! Can you note down the main points on the pad by the telephone?

☎ **Info**

für _____

Anrufe von Herrn/Frau _____

am _____   Uhrzeit _____

☐ Bittet Rückruf von Nr. _____

☐ Ruft wieder an _____

Nachricht _____

Handzeichen: _____

S²

13 What will you say when the family returns?

> .... *hat angerufen*
> *Er/Sie sagt* ....

14 Which number would you ring to find out the following?

a) The telephone number of your friend (who lives locally).

b) The exact time.

c) Travelling conditions on the roads.

d) The football results.

e) The weather forecast.

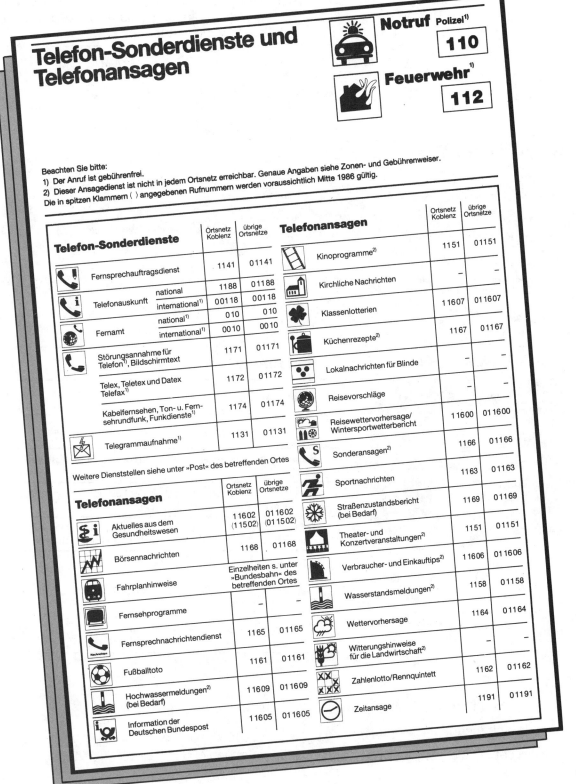

Telefon-Sonderdienste und Telefonansagen

	Notruf Polizei[1]	110
	Feuerwehr[1]	112

Beachten Sie bitte:
1) Der Anruf ist gebührenfrei.
2) Dieser Ansagedienst ist nicht in jedem Ortsnetz erreichbar. Genaue Angaben siehe Zonen- und Gebührenweiser. Die in spitzen Klammern ( ) angegebenen Rufnummern werden voraussichtlich Mitte 1986 gültig.

Telefon-Sonderdienste

		Ortsnetz Koblenz	übrige Ortsnetze
Fernsprechauftragsdienst		1141	01141
Telefonauskunft	national	1188	01188
	international[1]	00118	00118
Fernamt	national[1]	010	010
	international[1]	0010	0010
Störungsannahme für Telefon[1], Bildschirmtext		1171	01171
Telex, Teletex und Datex Telefax[1]		1172	01172
Kabelfernsehen, Ton- u. Fernsehrundfunk, Funkdienste[1]		1174	01174
Telegrammaufnahme[1]		1131	01131

Weitere Dienststellen siehe unter »Post« des betreffenden Ortes

Telefonansagen

		Ortsnetz Koblenz	übrige Ortsnetze
Aktuelles aus dem Gesundheitswesen		11602 (11502)	011602 (011502)
Börsennachrichten		1168	01168
Fahrplanhinweise		Einzelheiten s. unter »Bundesbahn« des betreffenden Ortes	
Fernsehprogramme		–	–
Fernsprechnachrichtendienst		1165	01165
Fußballtoto		1161	01161
Hochwassermeldungen[2] (bei Bedarf)		11609	011609
Information der Deutschen Bundespost		11605	011605

Telefonansagen

	Ortsnetz Koblenz	übrige Ortsnetze
Kinoprogramme[2]	1151	01151
Kirchliche Nachrichten	–	–
Klassenlotterien	11607	011607
Küchenrezepte[2]	1167	01167
Lokalnachrichten für Blinde	–	–
Reisevorschläge	–	–
Reisewettervorhersage/ Wintersportwetterbericht	11600	011600
Sonderansagen[2]	1166	01166
Sportnachrichten	1163	01163
Straßenzustandsbericht (bei Bedarf)	1169	01169
Theater- und Konzertveranstaltungen[2]	1151	01151
Verbraucher- und Einkauftips[2]	11606	011606
Wasserstandsmeldungen[2]	1158	01158
Wettervorhersage	1164	01164
Witterungshinweise für die Landwirtschaft[2]	–	–
Zahlenlotto/Rennquintett	1162	01162
Zeitansage	1191	01191

15 Your friend is telling you how to phone home from an "international" call box. Note down what you have to do.

S¹

16 You want to find out the number of your friend Karl Thielemann in Berlin. His address is Kösterstraße 21. You need to know the code for Berlin also. You may need to spell out the name and address for the operator. (Work with your partner.)

Wie ist die   Telefonnummer von .... ?   Die Vorwahl für ....
Adresse?
Buchstabieren Sie bitte ....

Hinweise zum Telefonieren

Benutzung des Telefons

Beachten Sie bitte:

Hörer nur zum Telefonieren abheben.

Erst nach Ertönen des Wähltons wählen.

Nach Gesprächsende den Hörer richtig auflegen, damit die Gebührenzählung beendet wird.

Bei Störungen des Telefons 1 17 <11 71> bzw. 01 17 <0 11 71> anrufen.*)

Signaltöne

Achten Sie auf die Signaltöne und Hinweisansagen! Bei Vermittlungen mit elektronischem Wählsystem (EWS) und bei selbstgewählten Gesprächen in das Ausland sind abweichende Signaltöne zu hören.

Töne im Inlandsverkehr	Bedeutung
t ü ü ü ü ü ü ü	**Wählton:** Bitte wählen.
tüüt tüüt	**Freiton:** Der erreichte Anschluß ist frei und wird gerufen.
tüt tüt tüt tüt tüt tüt	**Besetztton:** Der erreichte Anschluß oder die Leitungswege sind besetzt.
	Aufschalteton: Eine Dienststelle der Post hat sich eingeschaltet (z.B. beim Eingrenzen von Störungen).
t ü ü ü ü ü ü ü	**Datenton** (anhaltend hoher Ton): Anschluß für Datenübertragung oder Telefaxanschluß mit automatischer Empfangsstation ist angewählt.
tüt tüt	**Hinweiston:**
tüt tüt	ohne Ansage: Fragen Sie die Telefonauskunft oder die Störungsannahme.
tüt tüt	mit Ansage: Bitte achten Sie auf den Text.

R¹

17

a) Which of these sounds means that the number is ringing?

b) Which means it is engaged?

c) What should you do if you hear a continuous tone?

18 You are on holiday in the Rhineland. The town plan for Koblenz includes this section of important telephone numbers. Which numbers do you need when disaster strikes!?

1) Police!

2) I've lost my bag.

3) Our car won't start.

40 Ambulance!

5) Fire Brigade!

6) What's the 'phone code for GB?

7) When is the next train home?

TIPS FÜR KRAFTFAHRER

ACE-Pannenhilfe
Tag und Nacht erreichbar, Tel. 2 55 10
ADAC-Stadtpannendienst (auch für Nichtmitglieder)
täglich von 8.00 bis 20.00 Uhr, Tel. 1 21 21

WICHTIGE RUFNUMMERN

	Tel.
Ärzte-Notfallbereitschaft an Wochenenden	
Flugrettung	4 19 33
Rettungleitstelle	
Apotheken-Notfalldienst	4 41 00
Nachfragen über Fernsprech-auftragsdienst	
Staatl. Polizeipräsidium	1 14
Moselring 10 – 12	
Notruf (Polizei)	10 31
Deutsche Bundesbahn	1 10
Fahrplan- und Fahrpreisauskunft	
Feuerwehr	3 30 11
Fundbüro	1 12
Rathaus	
Telegrammaufnahme	12 97 61
Fernsprechauskunft	1 13
– Inland	
– Ausland	1 18
	0 01 18

	Tel.
Deutsches Rotes Kreuz Rettungsdienststelle	
– Erste Hilfe	4 41 00
– Behinderten-Taxi	4 42 00
Telefonseelsorge Koblenz	4 41 00
Vereinigte Funk-Taxen-Betriebe	1 11 01 / 1 11 02
– Taxi am Hauptbahnhof	
Funkmietwagen Baumgartner Münzplatz 11	3 30 55
	1 81 19,
Funkmietwagen Welsch Stegemannstraße 43	3 36 33, 3 79 20
Funkmietwagen Schmidt Gartenstraße 1	1 21 51
	8 50 55
Entgiftungszentrale	8 23 34, 8 28 44
Städt. Krankenhaus Kemperhof	
	4 99-1

19 When you ring the lost property office about your bag you hear this recorded message. When will the office be open?

Bank

20 You need to change some English money into German marks. You go into the nearest bank.

1) What does the person behind the counter ask you to do?

2) What does the cashier say about your passport?

3) What are you asked next?

4) How many marks will you get for your thirty pounds?

5) Your friend wants to change a travellers cheque. What is he told?

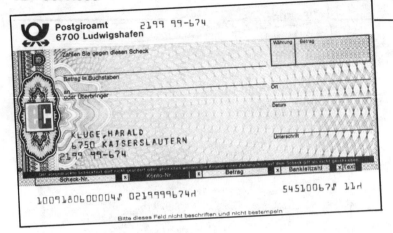

Postgiroamt 2199 99-674
6700 Ludwigshafen

Zahlen Sie gegen diesen Scheck

Betrag in Buchstaben

an
oder Überbringer

KLUGE, HARALD
6750 KAISERSLAUTERN
2199 99-674

Scheck-Nr. | Konto-Nr. | Betrag | Bankleitzahl | Text

1009180600004′ 0219999674d   545100b7ſ 11d

S²   **21** You want to cash a cheque. Ask the cashier if she wants to see your cheque card or passport. Ask also if you should make it out in marks or pounds and say that you would like twenty-mark notes if possible.

Scheck einlösen   den Betrag schreiben   Scheckkarte   Zwanzigmarkscheine

Lost Property

L²   **22** When you arrive at the lost property office to enquire about your bag there is already a queue of three people in front of you.

1) Note down what they have lost and where and when they lost it?

WHAT?	WHERE?	WHEN?

2) How do they react to what they are told?

S²   **23** Note down, in German or in English, a list of items you would need to take with you in your bag for a short stay in Germany. Note briefly colour, size and make of the items.

Report the loss of your bag to the lost property office and answer any questions. Your partner will play the part of the attendant and will attempt to write down a full description of what you have lost. Compare notes and then reverse roles.

Ich habe .... *verloren.   Was war drin?*
Beschreiben Sie mir ....   *Welche Farbe/Marke?*
Wo und wann haben Sie .... *?*

L¹   **24** Several members of a visiting party of German pupils have left plastic shopping bags containing presents on the coach after a shopping excursion. Which bag belongs to which pupil?

a   c

b

Consumer rights

Der Pullover hat einen Fehler.
Ich will mein Geld zurückhaben.
Aber Sie müssen den Pullover zurücknehmen.

Kommt nicht in Frage!
Warum haben Sie nicht aufgepaßt?
Waren im Ausverkauf sind vom Umtausch ausgeschlossen.

25 Yesterday you bought a faulty cassette. Take it back to the shop and explain. Ask for a new one or your money back.

26 Summarise the customer's rights as laid out in this magazine article.

§§§ Recht im Alltag §§§

1. Der Verkäufer (das Geschäft) muß eine neue Ware zurücknehmen und das Geld bar zurückgeben, wenn die Ware einen Fehler hat.
ODER
2. Der Verkäufer muß dem Kunden (Käufer) einen Preisnachlaß (Rabatt) geben, wenn der Kunde die fehlerhafte Ware behalten will.
ODER
3. Der Verkäufer muß dem Kunden eine neue Ware geben, wenn die zuerst gekaufte neue Ware einen Fehler hat. Der Kunde muß dann die erste Ware zurückgeben.
ODER
4. Das Geschäft muß die neue Ware kostenlos reparieren, wenn der Kunde damit einverstanden ist.

Die Garantiezeit für eine Ware beträgt mit oder ohne Garantieschein immer 6 Monate.

27 Read the three case histories below and discuss who you think is in the right.

Herr A. hat ein Paar Schuhe gekauft. Er trägt sie jeden Tag; nach drei Wochen sind sie kaputt. Er geht zum Schuhgeschäft, aber der Verkäufer sagt: "Wenn die Ware einen Fehler hat, müssen Sie sie sofort zurückbringen. Jetzt ist es zu spät; Sie haben die Schuhe ja schon drei Wochen!"

Herr und Frau B. haben einen Tisch und vier Stühle gekauft. Ein Stuhl geht schnell kaputt. Herr B. bringt ihn zur Firma zurück. Die repariert den Stuhl für DM 48.-- Herr B. will die Reparatur nicht bezahlen.

Frau C. hat seit zwei Monaten eine neue Schreibmaschine. Zwei Buchstaben funktionieren nicht. Ihr Freund will die Maschine reparieren, aber es geht nicht. Jetzt bringt Frau C. die Maschine zurück. Der Verkäufer sagt: "Sie dürfen die Maschine nicht selbst reparieren! Jetzt haben Sie sie kaputtgemacht. Ich kann Ihnen nicht helfen."

Acknowledgements

This book was conceived as a supplement to **Deutsch konkret, a German Course for Young People** written by Gerd Neuner, Peter Desmarets, Hermann Funk and Michael Krüger, designed and illustrated by Theo Scherling, and published by Langenscheidt Verlag, Munich, between 1983 and 1988. **Deutsch konkret** has been a worldwide success, and brought a new flavour and liveliness to German classes for hundreds of thousands of children.

To authors and publisher we express our gratitude for allowing us to use their title, and follow their style, and for their understanding in permitting us to adapt both to the needs of British pupils.

We also acknowledge with thanks the following sources of original texts and pictures:

Abendzeitung, Munich: p.47 Kinoprogramm;

ADAC: p.62;

Autobahn Service, Gesellschaft für Nebenbetriebe der Bundesautobahnen mbH: p.64 Absichern – erstes Gebot bei Panne oder Umfall;

Heinz Bauer Spezialzeitschriften Verlag KG, Munich *Bravo:* p.9 Cliff Richard; p.24 C C Catch; p.39 Blitzumfrage; p.42 Sandra's Weg nach oben; p.103 Jeans mit Pfiff;

Bayer-Leverkusen: p.96 Aspirin;

Berlin Programm KG: p.49 concert concept; p.79 Hotels und Pensionen;

Peter Boaks: photos pp.54/5, 93, 100/1;

Brisas Verlag AG, Glarus, Switzerland: *Musikexpress/Sounds:* p.9 Bob Geldof; *Popcorn 3/88:* p.46 Plattentips; p.104 Jeans-Style;

British Railways Board: p.66 Jetfoil;

Bundesverband der Deutschen Volksbanken und Raiffeisenbanken, Bonn: p.38 Die beliebtesten Hobbys . . .

Deutsche Bundesbahn: p.60;

Deutsche Bundespost: pp.116/7;

Dixi Discount Kaufhaus, Paderborn: p.104 dixi Stiefel Parade;

Eilers & Schünemann Verlag, Bremen *Unsere Zeitung:* p.37 Begehrte Lehrberufe;

Eislaufcenter Neuwied: p.49;

Ennia Ferienzentrum, Saarburg *Urlaubs-Journal:* pp.72/3;

Express, Köln: p.83 Mitten im Frühling!;

Flughafen Berlin-Tegel: p.67 Informationssystem;

Fortuna Verlag GmbH, Nürnberg: p.8/9 Ein Herz für Tiere;

Fremdenverkehrszentrale Hamburg e.V.: p.59;

Die ganze Woche: p.91 Was tust Du für den Umweltschutz?

Goethe Institut: *Treff:* p.35 Nicht versetzt – (7/87); p.41 So sieht's mit Eurer Freizeit aus: (11/80);

Gong Verlag GmbH, Nürnberg *Die Zwei:* p.19 Diana und Charles; p.44 TV-Programm;

Informationzentrum Berlin – *Berlin für junge Leute:* p.105 Der totale Konsumtrip;

Jugendscala: p.34 Streß in der Schule; p.69 Mitfahr-Zentrale;

Stadt Koblenz: p.119 Telefon-Sonderdienste;

Köln-Düsseldorfer Deutsche Rheinschiffahrt AG: p.78; p.112 Eiskarte;

Langenscheidt Verlag, Munich *Deutsch konkret, Lehrbuch 3:* p.13 Wie junge Leute wohnen; p.69 Die Zeit spricht für die Bahn; p.110; *Deutsch konkret, Int. Arbeitsbuch 3:* p.34 photos; p.36; p.37 Lebenslauf; p.42 puzzles; pp.74/5; *Deutsch Aktiv Lehrbuch 2:* p.109; p.115; *Deutsch Aktiv Neu Lehrbuch 1B:* p.123 case histories;

Lufthansa Service Berlin GmbH: p.111 Snacks;

Möwenpick Restaurants: p.114 Brunch;

Neue Kronen Zeitung, Graz: p.19 Bauernhof; p.30 Unterricht; p.82 Wetter aktuell;

Skischule Hubert Neuper, Bad Mitterndorf: p.91 Skikindergarten;

Österreichische Verkehrswerbung GmbH, Wien: p.79 Bad Ischl;

Otto Versand KG: p.15 EMSA "Manhattan";

Phantasialand Schmidt-Löffelhardt GmbH, Brühl: pp.50/51

Axel Springer Verlag AG, Hamburg *Bild Zeitung:* p.26 Was deutsche Mädchen . . ., p.82 Das Wetter heute; *Welt am Sonntag:* p.65 25 Leute in einem Auto; *Die Welt:* p.67 Durchsage von Kapitän Dieter Kruse . . .; *Hör zu:* p.27 Uns Uwe und Bobby Moore;

Stern: p.90 Deutschland, deine Kinder;

Dr Karl Thomas GmbH: p.96 Thomapyrin;

Verkehrsamt München: p.53 Stadtplan;

Warenhaus Sportscheck, *Katalog 1982:* p.100 Schweizer Offiziersmesser;

Wendy Hamburgers: p.107.